私を助けてくれた50の禅語

こころが調《ととの》う
ゆる禅語

田中ひろみ

はじめに

私とお寺と仏像 そして禅語のこと

私は大阪で生まれ育ちました。子供のころ、仏像好きの叔父が近隣の奈良や京都のお寺へ仏像の拝観によく連れて行ってくれましたが、そのときは全く興味が湧きませんでした。

私は幼いころから絵を描くことが大好きで、「いつか絵の仕事をしたい！」とずっと思っていましたが、両親から「絵じゃ食べていけないから、手に職をつけなさい。手に職をつけた後は、好きなことしていいから」と言われ、その言葉に従いナースになりました。

その後、東京でナースとして働いて貯めたお金で絵の学校へ入り無事卒業。卒業後、小説家のアシスタントやイラストの仕事をしていました。そんな私がなぜ、仏像に興味をもったのか。

ある日、久しぶりに子供のころから行っていた京都の三十三間堂を訪れ、１００１体の千手観音像を目の前で見た途端、その迫力に圧倒されました。まさにこのとき、仏像に恋したのです。

はじめまして、
田中ひろみです

本書では、
小坊主キャラで
禅語を紹介します

三十三間堂の
1001体の
千手観音像に
恋しました

病気やつらい日々も禅語に救われる

それからは、日本全国の仏像に会いに行くようになりました。ご開帳があると聞けばどんな遠くのお寺でも訪ねて行き、仏像のすばらしさを多くの方に知っていただきたいと力説していたら、仏像の本をたくさん出すことができました。

そうして、各地のお寺に行くことが、「禅語」（禅宗独特の言葉）に出会うきっかけになりました。最初は漢字の羅列で意味がわからないものが多かったのですが、意味を調べて勉強していくと、奥深い言葉であるということがわかっていき、心に沁《し》み入るように。

私自身も病気になったり、人間関係でつらいことがあったりしたときに、その数々の禅語が生きる指針となり、救われました。

悩み多き昨今、みなさんも禅語を知ることで、心を軽くし、楽しい人生をおくっていただければ幸いです。

田中ひろみ

お寺のなかや掲示板

お茶の席の
床の間の掛け軸などに
書かれている「禅語」

よく見かけるのに
意味がよく
わかりません
でした

調べてみると
日々悩んでいることに対して
心を後押ししてくれるような
すてきな言葉の数々

生きていくうえの、
指針となりました

悩み多いこの世の中、
多くの方にそういう
すばらしい禅語を
知ってもらいたいと
思います

もくじ

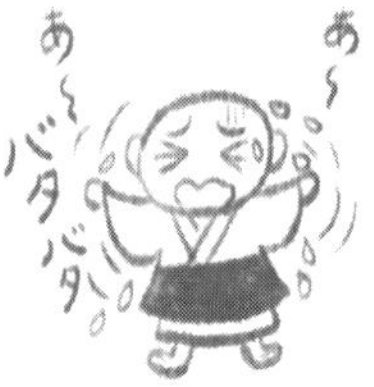
あ〜
あ〜
バタバタ

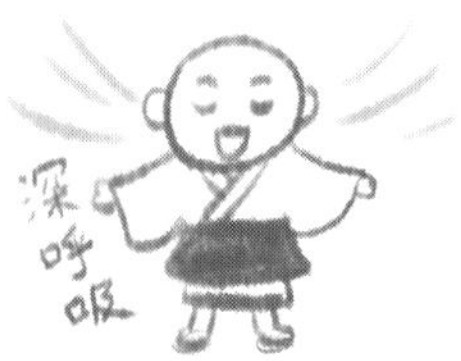
深呼吸

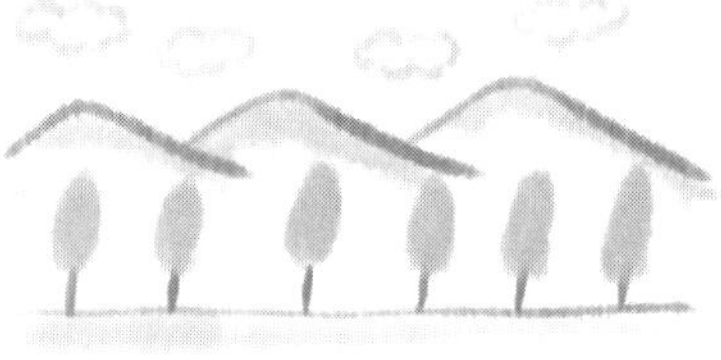

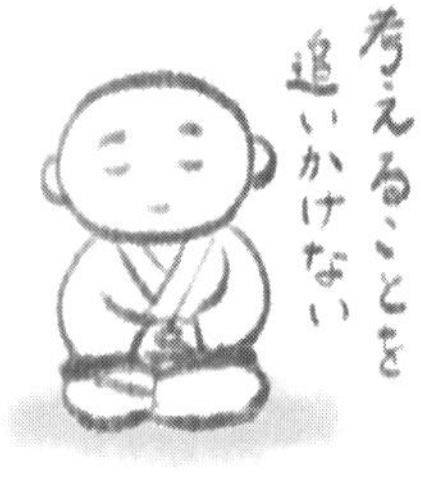
考えることを追いかけない

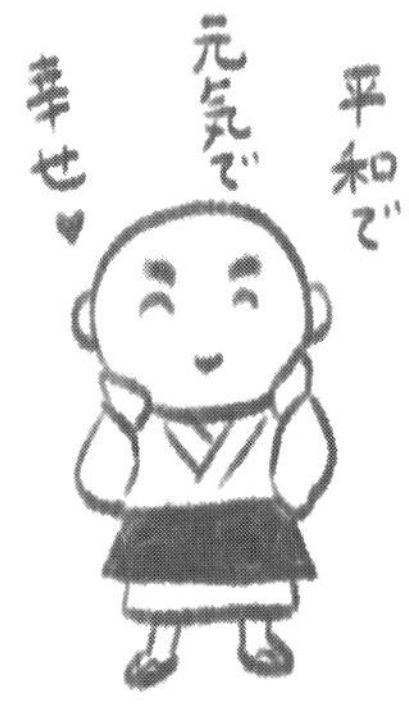
平和で
元気で
幸せ♥

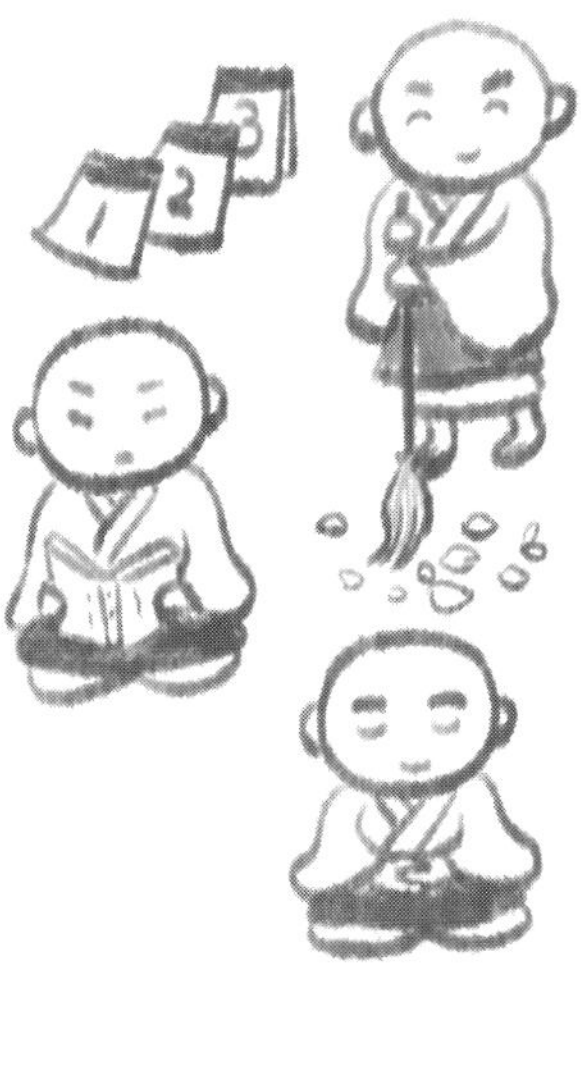

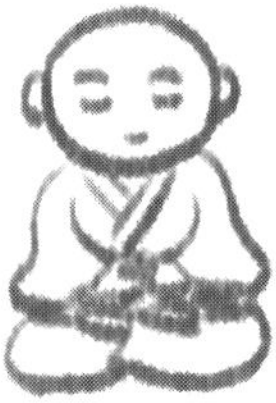

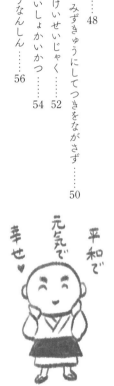

これは善だ
これは悪だ
グレー

つらい日々も
いい思い出

ディレクション　酒井ゆう（micro fish）
編集　酒井ゆう（micro fish）
校正・編集協力　室田弘（パルフェ校閲室）
デザイン　平林亜紀（micro fish）

第一章

考えすぎない

日々私たちは
いろんなことで
悩んでいます

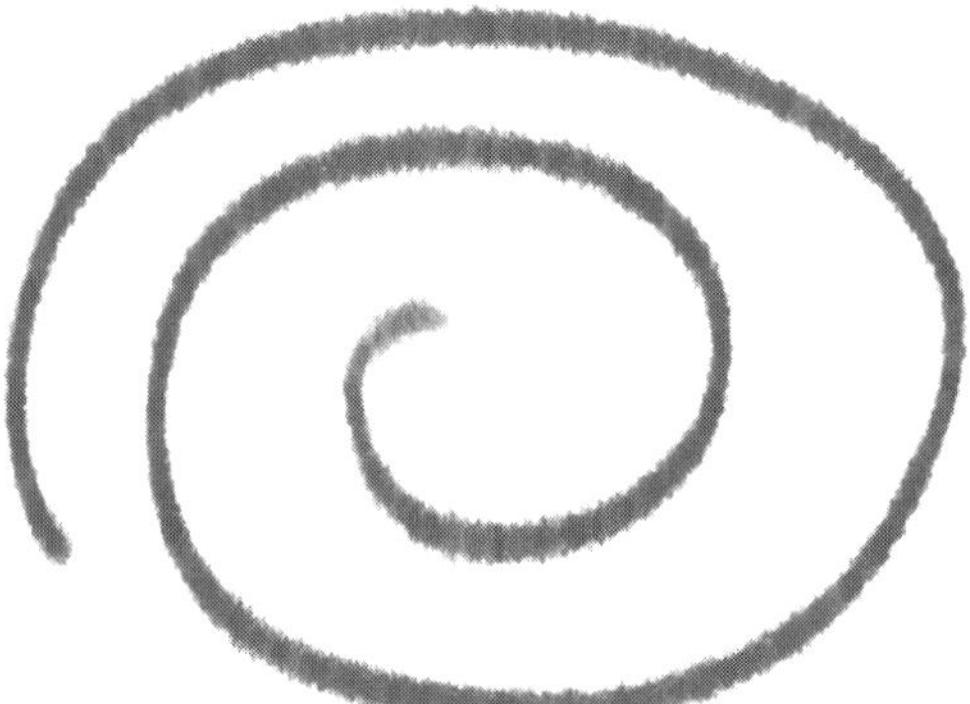

だいたいの悩みは同じことを
ぐるぐる考えるだけで
解決しません

悩んでいると気持ちが
どんどん
暗くなっていきます

明るい気持ちでいるために
考えすぎないようにしましょう

両忘《りょうぼう》

善悪・真偽・苦楽など、対立する概念を忘れ去った自由平等の境地。執着を断ち切った自在の境地。出典は中国宋代の仏教書『景徳伝灯録《けいとくでんとうろく》』。

「両方へのこだわりから抜ける」という意味です。世の中は、白か黒か、善か悪か、はっきりさせがちです。でも、正解はひとつではありません。

たとえば、日本では食事の際にお茶碗を手にもって食べるのが礼儀とされますが、ほとんどの国では器をもち上げて食べることは基本的にマナー違反です。国が違うと、正しいとされることが違います。また時代によっても正しいことは変化します。

私が昔ナースをしていたころの話です。担当した患者さんのなかには起き上がることもままならず、長い間寝ていなければならない方がいました。その状態だと、血流が悪くなり皮膚がむけてただれる「床ずれ（褥瘡《じょくそう》）」になってしまいます。その当時は、床ずれは乾燥させて治すのが正しいとされていたので、私たちナースは床ずれの部分をドライヤーで乾燥させていました。でも、現在は湿らすほうが早く治るとわかり、「乾燥」から「保湿」という正反対の治療法になりました。

「正しいこと」は、国や時代、人によっても変わります。これが正しい！　こうでないといけない！　という考えから解放されると「どっちだっていいじゃないか」という余裕が生まれてくるのだと思います。

こだわりからの解放は、心の余裕を生む

閑坐聴松風

かんざしてしょうふうをきく

「心静かにいることで、普段意識しないような音も心地よく聞こえてくる」の意。茶道では「松風《まつかぜ》」を「釜の湯の煮える音」という意味でも使う。

以前、お寺で坐禅を組んだことがあります。じっと坐《すわ》っていると、普段は耳にしない、風の音や虫の声が、あちこちから聴こえ、五感が研ぎ澄まされる感覚を体験しました。するとイライラしていた気持ちがなぜかとても穏やかになっていくのです。普段も同じように聴こえているのに、他の音に紛れて聴こえていなかっただけなのですね。

「閑坐聴松風」の「閑」は「ひま」とも読みますが、ここでは「かん」と読みます。すなわち、「閑坐」は心を落ち着けて静かに坐ることです。「聴松風」は松林を通り抜ける風を聴きなさいということです。

茶の湯の煮える音を、松風の音に似ていることから「松風」といいます。茶室で静かに坐り、雑念を捨てて耳を澄ませば、茶の湯が煮える音が松風の音に聴こえてきます。普段の暮らしでは聞こえない音が、静かに坐して耳を澄ませば聴こえてきます。

忙しくても、静かに坐り、自分の心に耳を傾けるゆとりをもちたいなと日々思います。

三 イライラしたら、静かに坐してみる

一行三昧
いちぎょうざんまい

出典は、六祖慧能《えのう》の『六祖壇経《だんきょう》』。「一行三昧とは、一切《いっさい》処《しょ》において行住坐臥《ぎょうじゅうざが》、常に一直心《いちじきしん》を行ずる、是なり」（どんなところでも、いつでも混じり気のない真っすぐな心で、思い、語り行動するということである）。

お寺で写経をされたことのある方も多いかと思います。

私は『仏像なぞり描き』という仏画を薄い線にそってなぞる写仏《しゃぶつ》本シリーズを出版しています。

写経は、お経をなぞって心を調《ととの》える修行ですが、写仏も同じように、ただ一心に仏画をなぞることに集中することで心が安定します。古くからお寺で行われてきた修行です。

「一行」とはひとつの修行法に決め、そこに精神を集中して心を安定させること。

実際に、ただただ仏画をなぞっていると、周りの音も気にならないほど集中でき、他に何も考えず無心になれます。

普段の生活では、いろいろ考えることが多く、なかなか無心の状態にはなれないもの。たまには何かに集中することで、思考をリセットして、心と体をよい状態に保つことも必要です。

ぜひ、写経や写仏を試して心を安定させてみてください。

ひとつのことに集中して思考をリセット

心静即身涼《こころしずかなればすなわちみすずし》

心が静かであれば身体も清涼である、の意。身心一如《しんじんいちにょ》の境地をいう。「滅却心頭火自涼」と同意。

かつてナースとして働いていたとき、頻繁に痛みを訴える患者さんがいました。しかし痛み止めの薬は、何時間おきにと決められていたので、医師は痛み止めとうそをついてビタミン注射を患者さんに打ちました。するとその患者さんは「痛みが楽になった」と言うのです。これは「プラセボ効果」といって、プラセボ（偽薬）という効き目が何も入っていない薬を服用しても、効き目があると思い込むことで病気の症状が改善するという現象です。ときに人間の思い込みはすごい効果を発揮するものです。

武田信玄《たけだしんげん》の師である快川紹喜《かいせんじょうき》禅師《ぜんじ》が、恵林寺《けいりんじ》において焼き討ちにあったときに「安禅不必須山水《あんぜんかならずしもさんすいをもちいず》、滅却心頭火自涼《しんとうめっきゃくすればひもおのずからすずし》」（安らかに坐禅を組むには、かならずしも静かな山のなかや涼しい川辺を必要とするわけではない。どんな熱い火も、心のもち方次第で涼しく思える）という意味の辞世の句を残したと言われています。その「心頭滅却すれば火もまた涼し」が有名です。中国・宋代の仏書『碧巌録《へきがんろく》』（第四十三則）に載っている一節ですが、もとは中国・晩唐の文学者杜荀鶴《とじゅんかく》の詩の一部「安禅不必須山水、滅得心中火自涼《しんちゅうをめっしうればひもおのずからすずし》」が由来のようです。さすがに熱い火を涼しいとは思えないにしても、どんなことも、気のもち方次第で乗り越えられる気がしませんか。

気のもち方で〝楽〟にも〝苦〟にもなる

一無位真人《いちむいのしんにん》

出典は、臨済禅師《りんざいぜんじ》の「赤肉団上《しゃくにくだんじょう》（肉体）に一無位（名前や位のない）の真人あり、常に汝《なんじ》ら諸人の面門《めんもん》（目や鼻）より出入《しゅつにゅう》す」。真人とは『荘子』にもとづく、道教の理想としての自由人を指す。『臨済録』。

ナースをしていたときに思ったことは、地位、学歴、貧富、男女、老若などに関係なく、みんな病気になるし、みんな亡くなるんだなということです。

「無位」とは、一切の地位や肩書きをすっかり取り払い、何ものにもとらわれないということ。「真人」は、まことの人間性のことで、誰もがもっているものです。つまり、名誉や地位・学歴にいっさいとらわれず、人や世の中を見て真実に気づきなさいという禅の教えです。

いくつになっても、地位、学歴、貧富、男女、老若などを気にせずに生きることは難しいものです。でも、外見や立場はそれぞれ違っても、この世に生きとし生けるものすべて死は平等に訪れます。

そう考えると、どんな立場であろうと、みんな同じ星に生きる生命であり、人間だということです。

私を含め多くの人が先入観にとらわれず、真の心をもって人に接することができれば、いつか差別のない世界になるかもしれません。

そうなることを心から願うばかりです。

何ものにもとらわれない心が差別をなくす

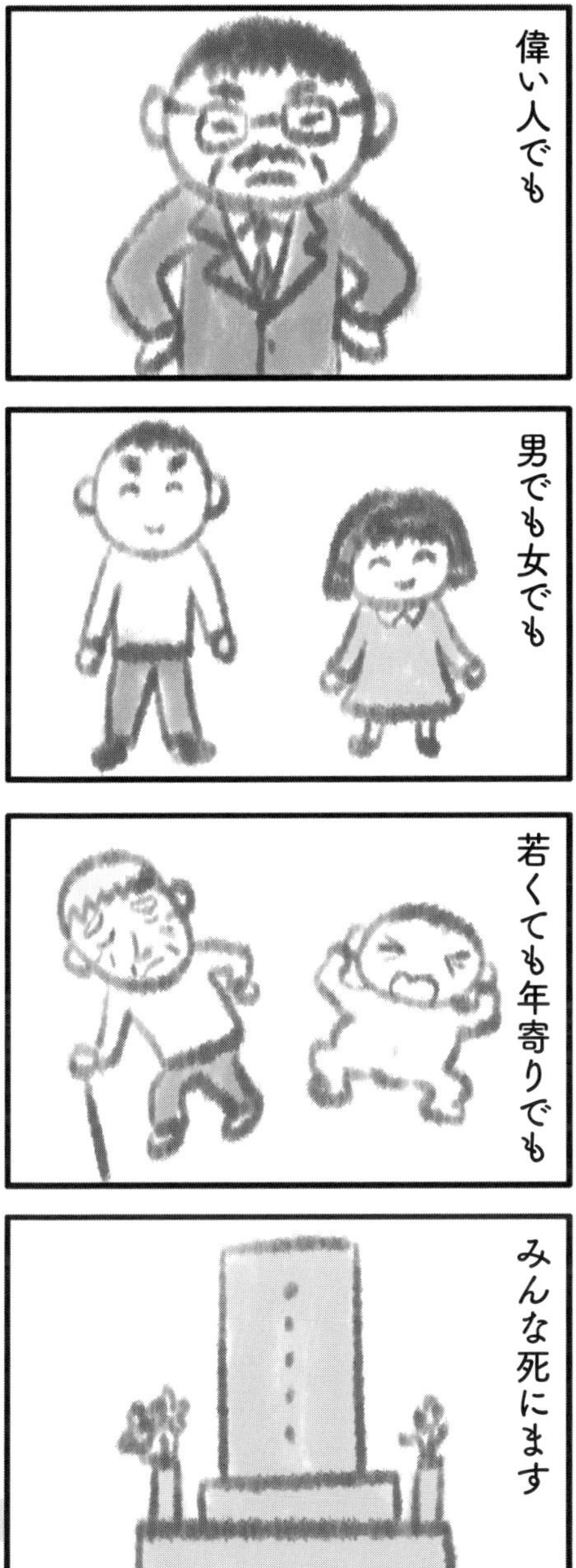
偉い人でも
男でも女でも
若くても年寄りでも
みんな死にます

和顔施《わげんせ》

「わがんせ」とも読む。『法華経』〔鎌倉中〕五・安楽行品《あんらくぎょうほん》第十四「微妙の義をもて、和顔（ワゲン　ヤワラカナルカホ）にして、為に説け」より。

和顔施とは、いつでも笑顔で人と接することが、徳になるという意味です。

私はなるべく、いつも笑顔でいるようにしています。むすっとした人より、笑顔でいる人の方が親しみやすいと思っているので、私の写真は、ほとんど笑顔です。以前、「笑顔がいいね。見ていると明るい気持ちになる」と言われたことがあります。笑顔は、人も自分も楽しい気分になりますよね。

逆に不機嫌な顔を見ると、なんだか嫌な気分になりませんか。笑顔は人の気分を上げてくれますし、自分自身もなんだか楽しい気分になってきます。泣くと、どんどん悲しくなっていくように、笑うとどんどん楽しくなってきます。

他人も自分も楽しく、幸せな気分にさせてくれる「笑顔」は、本当に大事だなと思います。

「笑顔」は人も自分も幸せにする最高の徳

無功徳《むくどく》

何らかの果報を求める心をもってなした善行には功徳が伴わないという教え。中国宋代の仏教書。圜悟克勤《えんごこくごん》『碧巌録《へきがんろく》』第一則。

「情けは人の為ならず」という言葉があります。私は、「情けは人のためにならないからかけてはいけない」という意味なのかと思っていました。本当は「他人に情けをかけておけば、巡り巡っていずれ自分によい報いが返ってくる」という逆の意味のことわざです。見返りを求めず、常に人には親切に接するべきであるという教訓を含んでいます。私は、誰かに依頼されているわけではないのですが、お寺や秘仏ご開帳の情報などをブログやSNSなどで発信しています。誰に褒められるわけでもありませんが、誰かのお役に立てればと思っています。

「無功徳」は、禅宗の祖、達磨大師《だるまたいし》と中国・梁《りょう》の武帝の問答のときの言葉が由来です。武帝は仏法に尽くしたので、「ご利益《りやく》が得られますか？」と質問したところ、達磨大師は「無功徳（ご利益はありません）」と答えました。善事には、かならず善果があることは仏教の通説ですが、たとえ善事善行をなそうとも見返りを求めて行う打算的善行は、真の善行ではないということになるのです。

自分以外の存在に向けた行為は、いずれ何らかの形で自分に返ってきます。

今日からまっさらな気持ちで、何かいいことをしてみるのもいいかもしれません。

五 いい行いは、巡り巡って自身に返ってくる

開門福寿多

もんをひらけばふくじゅおおし

心の門を開け本音を明らかにすれば、福寿がもたらされる。自分をあからさまにすれば、いいことがたくさんある。

以前の私は、誰かのなかにひとつ嫌いなところを見てしまうと、その人のすべてが嫌いになっていました。どこかいいところを探して、受け入れようとしますが、どうしても心を閉ざしてしまうのです。その都度、心が狭いなぁと自己嫌悪に陥りました。

「開門福寿多」は、心の門を開いた方がいいものが入りやすいという意味。

そこで、この言葉通り心を開くために自分なりに策を練りました。相手の行動や言葉がいちいち腹立たしいと感じたとき、相手を宇宙人または外国人と話しているんだと思うようにすることで、ぐっと気が楽になりました。

生まれ育った環境も言葉も違うならば、私と考え方が違うのは当たり前。そう思えるようになったのです。相手を嫌い、心を閉じるのではなく、開いて受け入れた方が気持ちも楽になり、人付き合いも順調になりました。どうしても難しい場合は、距離を置くこともひとつの方法だと思います。

心の門を開くといいものが入ってくる

みんな受け入れるよ

非思量《ひしりょう》

禅語で、とらわれを捨て真理と一体になる、本来の面目の上の思量をいう。坐禅の要とされる。祖師西来意《そしせいらいい》「不思量を拈来《ねんらい》し（思量するために、その対象をとり出してくること）非思量を拈来して」『正法眼蔵《しょうぼうげんぞう》』。

「非思量」とは、「考えることではない」ということです。なんだかわかるようなわからないような意味です。

以前、禅宗のお坊さんに「なぜ坐るのですか?」と聞いたら「とにかく坐りなさい」と言われました。そして坐禅会に参加し坐禅するときに「息を吸っているのか、吐いているのか見つめて、感じなさい」「考えることを追いかけてはいけない」と言われました。「考えるのをやめよう」というのも考えることになります。「考えるのをやめようと考えることをやめよう」と考え、どんどんいたちごっこのようになりました。修行の足りない私には無理で、初めのうちは、「虫が鳴いている」「風の音が聞こえる」など悠長なことが頭にうかび、やがて「足が痺れた、まだ終わらないのかしら」とか坐禅から解放されることばかり考えていました。しかしそれにとらわれず、右から左へとさらりと受け流すことが大切なのだそうです。

坐禅をつづけたら、いつか私も理解できるようになるのかもしれませんが、なかなかその境地には至れずにいます。

とにかく坐禅をしてみる

名利共休《みょうりともにきゅうす》

名利とは「名聞《みょうもん》利養《りよう》」の略。世間の名声、利得。名聞利養に執着する心を排す。名声や利益を追い求めない。千利休《せんのりきゅう》の名の由来とも。

「名利」とは、名誉と利益です。それを断ち切るという意味になります。普通の人間は「名誉もお金も求めずに生きるなんて無理」だと考えると思います。私もそうです。名誉とお金を追求するから、モチベーションも上がるような気もしますし、悟りを開いた聖人ではない一般的な私たちには、名利を断ち切るのは難しすぎる気がします。

たとえば、成功するために法律や倫理観を無視して不正な取引を行うようなことは、「名利共休」の考え方に反します。逆に、自分の成功や地位を手に入れることで、社会に貢献し、人々の生活を改善することができるビジネスを行うことは「名利共休」の精神です。自分なりの方法で、人のためになるような活動を目指すのもいいのではないでしょうか。

自分のことだけでなく、人のために何かを行う

第二章

心に余裕を

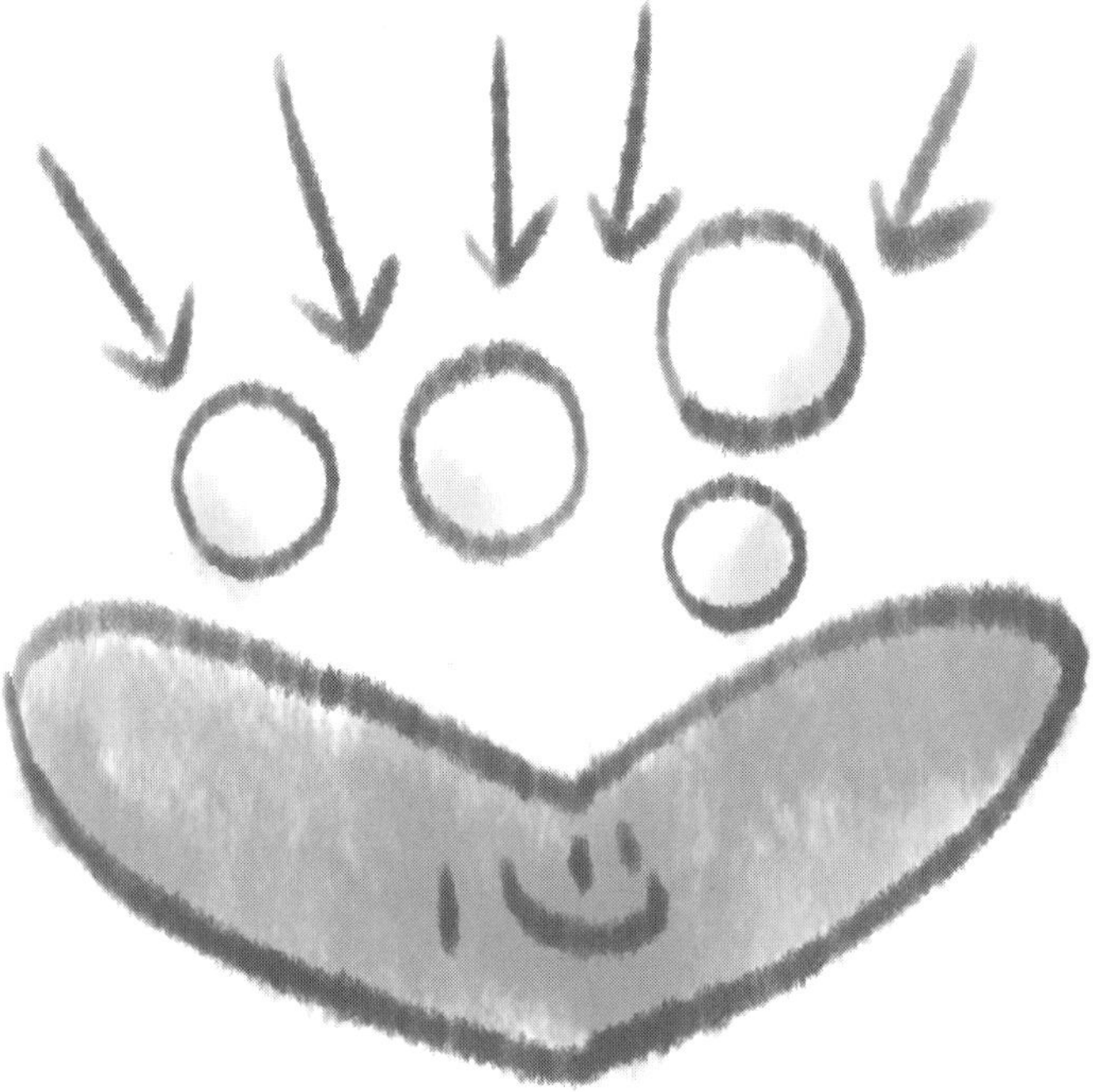

心に余裕があればいろんなことが
受け入れられる

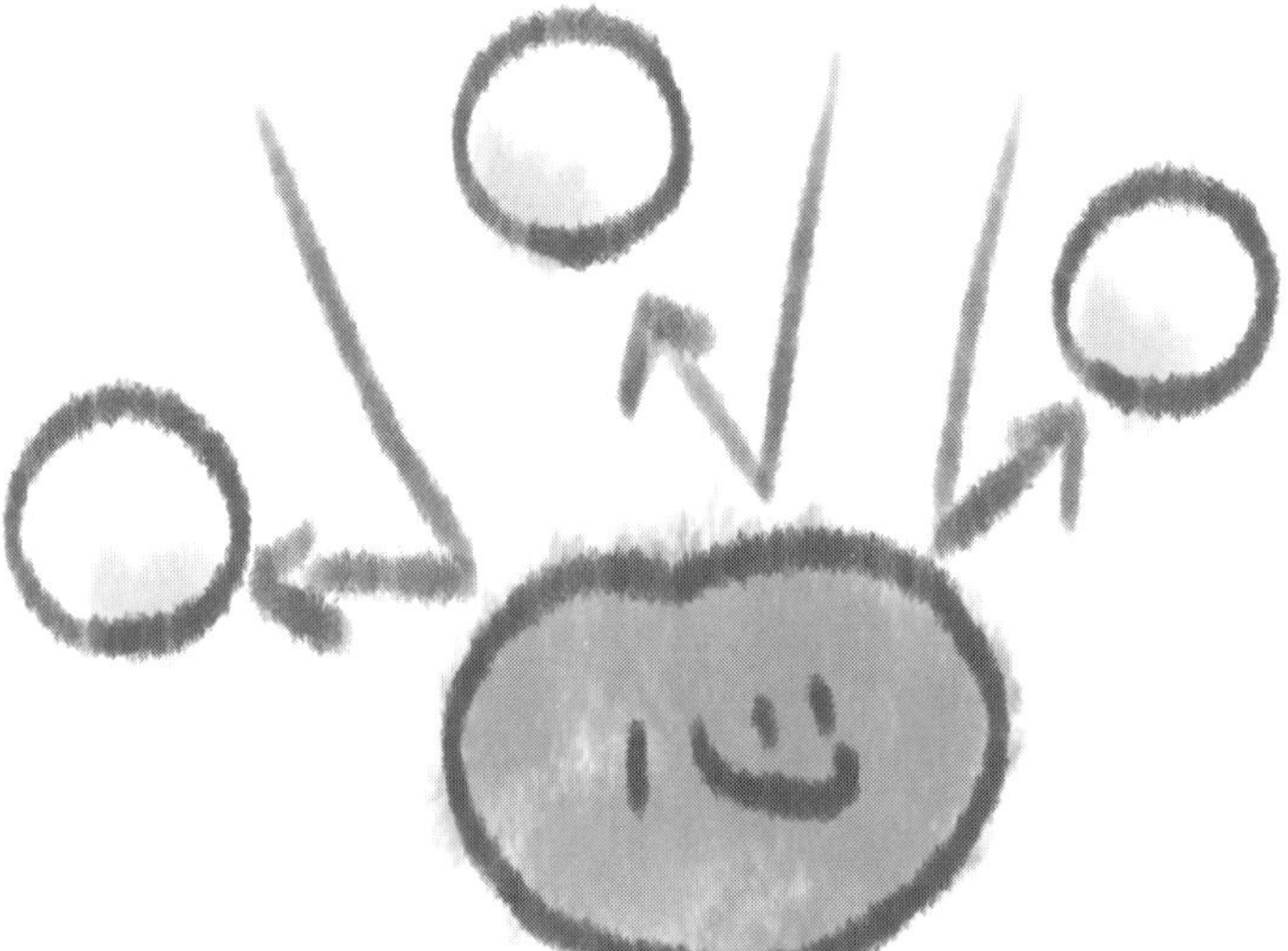

余裕がなければ
弾き返してしまう

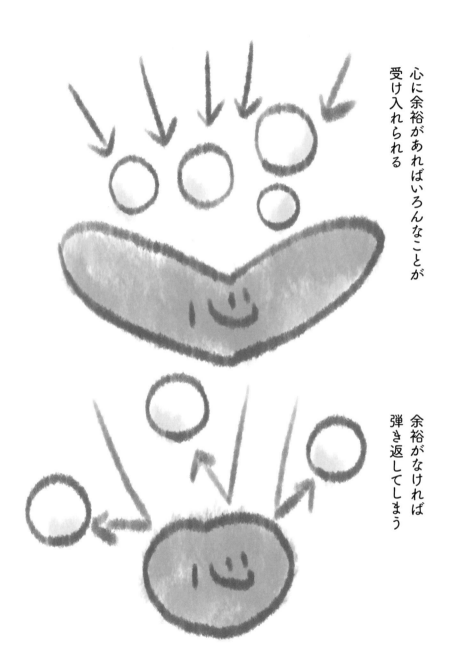

心に余裕をもてば
いろんな幸せが集まってくる

且緩々

しゃかんかん

唐代末の禅僧・雲門文偃《うんもんぶんえん》『雲門広録』より。悟りを焦る弟子に、「ひとまず、ゆっくりやっていきましょう」と答えたことに由来。

「落ち着いて、慌てず、焦らず、ゆっくりと」という意味です。

たとえばミスをすると、そのミスを挽回しようと気が焦って、余計ミスを繰り返すことがあります。私がとくにまぬけなのかもしれませんが、電車に乗ると昔はよく切符をなくしました。今はICカードを使い、切符は使わないので、さすがになくしませんが。降りる際に切符が見つからないと、焦ってカバンのなかを探してもさっぱり出てこないものです。

そういうとき、私は落ち着くために一度トイレに行き、個室でカバンのなかのものを取り出して、ゆっくり探すことにしました。そうすると、さっき見つからなかった切符が出てくるのです。焦っていると見つけられないものも、ゆっくり落ち着いて探すと見つけられる。不思議ですよね。

そう考えると、焦って行動したときは余計に時間やお金を失っていることが多い気がします。何か失敗したときこそ、「落ち着いて、慌てず、焦らず、ゆっくりと」とつぶやいて難を脱したいものです。

焦ったときこそ、
「落ち着いて、慌てず、焦らず、ゆっくりと」

泥仏不渡水《でいぶつみずをわたらず》

「泥仏不渡水。神光照天地」（泥仏水を渡らず。神光天地を照らす）。泥で作った仏像は水に溶けるが、神々しい威徳の光は天地を照らす。『碧巌録《へきがんろく》』第九十六則。

「泥仏」とは、泥で作った仏様のことです。泥なので、水の上を渡ることはできません。姿形をどれほど仏様に似せて作ったとしても、それはしょせん泥にすぎないのです。形や見た目の外見にこだわっていると、ものごとの本質を見失ってしまいます。それに形あるものは、いつか壊れるのです。

どんな美人でも、不機嫌な顔をしていたり、性格が悪かったりするとやはり嫌われますし、美人だからこそ近寄りがたく、普通にしていても「気取ってる」と言われて大変だという話はよく聞きます。

どんな見た目の人であろうと、笑顔を絶やさない人は、それだけで好かれたりします。美人やイケメンになることはできなくても、笑顔になることは誰でもできます。また、笑顔でいると自身も心穏やかに優しい気持ちになり、不思議と人にも優しく接することができるようになってきます。そうやって心のとげを抜き、自分の内面を磨いていくことが大切なんですね。

見た目でなく、内面を美しくする

泥仏は水を渡れない
泥は水に
溶ける〜
姿を仏に似せても
泥は泥
美人でも性格が
悪いと嫌われる
気取ってる
心穏やかにし
優しい気持ちになれば
ニッコリ
人に優しくなり
内面も美しく輝く

莫妄想

まくもうぞう

思惟分別《しゆいふんべつ》の心により迷いが生ずる。菩提を得るために分別心を起こしてはいけないということ。「師いはく、莫妄想、この宗旨は作麼生《そもさん》(禅問答にかける言葉。「さあどうだ」「いかに」という意)なるべきぞ」『正法眼蔵』。

私を含めて、人は往々にして悪い想像をしがちです。富士山が噴火する、悪口を言われている、老後に年金をもらえず路頭に迷うなど、起こってもいないことを想像し、心配し鬱々《うつうつ》と悩んでしまいます。悪くなることを考えて、今できるかぎりの備えに全力を尽くせば、後はなるようになるしかありません。

私は中学生のとき、どうでもよいことをくよくよ悩んでばかりいました。でもあるとき、いくら悩んでも結果は同じだということに気がつきました。だいたい悩みというのは、「どうしよう?」とぐるぐると思い悩むだけで、解決しません。だったら、悩むだけ損なので、それ以来ある程度悩んだら、「もういいや」と思うようにしています。あんまり考えすぎると、心が憂鬱《ゆううつ》になってしまいます。人間、嫌なことが頭に浮かぶと、どんどん悪い方へと妄想が膨らんでしまうものです。

「莫妄想」は、妄想することなかれということ。禅でいう妄想は、よそ事のことを指し、今自分が取り組んでいること以外、すべて妄想ということになります。自分が今やっていることにのみ、集中せよということでしょう。そうすれば余計なことも思い悩まずにすみます。

妄想をやめれば、余計なことに思い悩まずにすむ

歩々是道場《ほほこれどうじょう》

「心がけ次第で、どんな場所も自分を高める道場になる」という意味。類語に「行住坐臥《ぎょうじゅうざが》」。中国唐の時代の禅僧趙州《じょうしゅう》『趙州録』が由来。

少し前から「マインドフルネス」という瞑想が流行っていますが、以前私もマインドフルネスのワークショップに参加したことがあります。

そのワークショップは、部屋で坐禅を組むのではなく、外の自然を歩いて、余計なことを考えず呼吸や足の裏の感覚に集中するというものでした。そうすると、肺に新鮮な空気が入り、足の裏から地球のエネルギーを吸収しているような不思議な感覚だったことを覚えています。

この言葉は、釈迦の在家弟子維摩居士《ゆいまこじ》の言った「直心是道場《じきしんこれどうじょう》」という言葉が由来です。寺や建物でなくても、外を歩いていてもこだわりのない心でいるならば、そこが「道場」になりますよという意味です。

私たちは、過去の失敗や未来の不安といったネガティブなことを考えて、不安やストレスを増幅させてしまいがちです。こうした負の状態から抜け出し、こだわりを捨ててものごとに励めば、やがてその場所が自分の道場となっていくのです。

どこにいても心がけ次第で幸せになれる

鶏寒上樹鴨寒下水《とりさむくしてきにのぼりかもさむくしてみずにくだる》

「鶏寒くして樹に上り鴨寒くして水に下る」。ひとつの真理に拠《よ》っても、さまざまな現象に現れる。同じ真理でも人によってさまざまな解釈があるの意も。『景《けい》徳《とく》伝《でん》灯《とう》録《ろく》』。

「今の若い人は、なってない」という言葉をよく聞きます。年配の方は、今までの経験から、自分がやってきたことと違う行動をしている人をよくないと思いがちです。

しかし、自分がやってきたことがたったひとつの正しい道ではなく、正しい道はたくさんあるのです。そして時代によってもそれは変わっていきます。

江戸時代は、江戸から京（東京から京都）まで歩いて行くのが当たり前でした。でも今は新幹線やバスなどいろいろな手段があります。目的地に着くのに、新幹線で行こうが自転車で行こうが、手段は何でもいいし、いろいろな道があるのです。

「鶏寒上樹鴨寒下水」は、「寒くなると、鶏は木の枝に登り、鴨は水に入る」と同じ鳥の仲間でも、同じ寒さのなか、それぞれに違う行動をとる様子を表現した言葉です。

私自身も自分がやってきたことが一番正しいと思い込んで、人に考えを押しつけるようなことはしないようにしたいと思います。

自分が正しいと思うことでも人に押しつけない

指月の譬《しげつのたとえ》

龍樹菩薩《りゅうじゅぼさつ》の『大智度論《だいちどろん》』に、「我、指を以って月を指し、汝をしてこれを知らしむに、汝は何んぞ指を看《み》て月を視《み》ざるや」とある。月は真理、指は経典のたとえ。大事なのは真理であって経典ではないの意。

人は月を指さすと、肝心の月を見るのではなく、指している指の方を見てしまいます。私もそうです。

この言葉を聞いて思い出すのは、ブルース・リーが、映画『燃えよドラゴン』で言ったセリフ、"Don't think. Feel! It's like a finger pointing away to the moon. Don't concentrate on the finger, or you will miss all the heavenly glory." です。

意味は、「考えるな！　感じろ！　それは指が月を指しているようなものだ。その指に集中していては、その先の栄光はつかめないぞ」ということです。まさに、この「指月の譬」のことを言っています。

月＝目標や本質で、指＝手段のようなものだと思います。その指がなければ私たちは月の存在に気づくことができないし、月の方角もわからないかもしれません。でも、目標に達するための手段手法は、向かう方向は指し示してくれますが、その本質ではないのです。

言葉に惑わされず、本質を理解できる人間になりたいものです。

指のその先にある〝本質〟を見極める

はづべくんば明眼の人をはづべし

はづべくんばめいげんのひとをはづべし

「人の眼を気にする」ということに関して、道元禅師が残した言葉（『正法眼蔵随聞記《しょうぼうげんぞうずいもんき》』）。「他人の眼を気にするなら、正しく見抜くことができる優れた人からどう見られるかを気にすべし」の意。

何をするのにも、人の目が気になるものです。私もそうです。出かけるときも、「この着物は派手じゃないかしら？」とか人の目が気になります。人の目を全く気にせず、他人を不快にさせていいというわけではありませんが、自分が思っているほど人は他人のことを見ていないものです。しかし今はとくにＳＮＳなどで、プライベートがさらされ、まったく知らない他人からの批判を浴びてしまうことがあります。

私も以前テレビに出たとき、一緒に出演した芸人の方を「○○とテレビに出た」と、ついさんづけにせずにＳＮＳに書き込みをしたら、ファンの方々から、「呼び捨てするとは、何様のつもりだ」と多数お叱りを受けました。たしかに、さんづけで書かなかった私が軽率だったので、反省し、以後は敬称はかならずつけるようにしています。

とはいえ、人から批判されることに怯えて、書きたいことも言いたいことも、やりたいこともできないのは馬鹿馬鹿しいことです。ましてや会ったこともない、ただただ人を批判することを生きがいにしている人からの批判は、的外れなことも多い気がします。

私は批判を受けるなら、物事の道理を見通せる人や自分のことをよく知っている人からの批判だけを気にするようにしたいと思っています。

信頼している人からの批判には耳を傾ける

知足《ちそく》

「自勝者強、知足者富」（みずからに勝つ者は強し。足るを知る者は富む）から足ることを知ること。自分のもち分に満足し安んじて、欲張らないこと。「知足者富」でも知られる。『老子 - 三十三章』から。

以前、知人の漫画家がアパートから退去を迫られ、ホームレスになった話を聞いたとき、同情心と共に、「自分は仕事も家もあって本当にありがたい！」と改めて思ったことを覚えています。私たちは、いろいろ足りていないと感じているかもしれませんが、すでに充分に満ち足りていることに気がついていないだけなのかもしれません。

「知足」とは、「足るを知る」ということで、字の通り充分に満ち足りていることを知るという意味です。

私たちは、充分なお金やものを得ても、満足するということを知らず、より多くもっともっと欲しいと、際限なく追い求めてしまいがちです。人間だから、欲望があるのは当たり前だとは思います。でも、地震や戦争で家を失った人の映像をテレビで見るたび、今、平和に暮らせていることが本当に幸せなことだと再認識させられます。

「もう充分足りている」そう思えた瞬間に、幸せを感じられるものなのです。

今の暮らしに幸せを感じていますか？

平和で
元気で
幸せ♥

水急不月流

みずきゅうにしてつきをながさず

生滅変化《しょうめつへんげ》するもの（＝水）と、その上に厳然として現れる不動のもの（＝月）。仏性は微動だにせず、寂然として不動であることのたとえ。

私は俳句をやっているのですが、芭蕉《ばしょう》などの先人の使っていた言葉は、たとえ古くて意味がわからなくても、消えることなく使われつづけています。それに対して、流行《はや》り言葉はほとんどがあっという間に使われなくなってしまいます。

今では仏像好きと言っても、さほど変な目で見られませんが、以前は「仏像が好き！」と言うと「怪しい宗教にはまっているんじゃない？」「変わってる」と言われました。でも、みんなと同じものを好きである必要はなく、逆に違うものを好きなほうが個性が際立ちます。周りに合わせる必要はないのです。

「水急不月流」とは、川の水が急な流れでも、水面に映る月は流されずに残るという意味です。水面の変化に合わせて映る月は歪みはしますが、水がどんなに急であったとしても月が流されることは決してありません。日々起こることに流されずに、月のように自分自身の信念を変えることなく、流されない気持ちをもちつづけなければいけないということです。周りの言動や時間に流されてしまわないように、普段から自分自身の心を磨き、自信がもてるようにしていたいものです。

周りに流されない信念をもつ

和敬静寂《わけいせいじゃく》

侘茶《わびちゃ》の祖である珠光《しゅこう》の創唱とされ千利休《せんのりきゅう》の茶道精神の四つの規範。茶道と禅の真髄、「茶禅一味《ちゃぜんいちみ》」の理想的境地を表す。

「和敬静寂」は、茶道の精神の基本として用いられる禅語です。私の友達で、お茶をやっている人がいます。彼女は、「お茶がとても楽しい」と言います。「どんなところが楽しいの？」と聞けば、「お客さまのことを考えて床の間にかける掛け軸や、お花や、お茶碗や、お菓子を選ぶことがとても楽しい」と言うのです。そういうおもてなしの心で迎えられる空間に入ると、心地よい空気が流れていることでしょう。

私は、お茶席は何度かしか体験していませんが、あの空間にそんなおもてなしの思いが詰まっていたのかと思うと、とてもありがたく感じます。

「和敬静寂」の「和」は調和。お互いに優しさや思いやりをもって接しましょうということです。「敬」はお互いに敬い合う気持ちが大切だということです。「静」は清ともいい、邪念のない清らかな静かな心や、清められた庭や道具や茶室のことです。「寂」は禅の思想の静かで趣のある「閑寂」を表しています。相手を敬えば和になれる。清らかな心でいれば、居心地のよい清々しい関係が生まれます。

心を和敬静寂の状態にして点《た》てたお茶は、より一層美味しく感じられることでしょう。

思いやりをもって接すれば、清々しい関係が生まれる

随所快活《ずいしょかいかつ》

いつ、いかなる状況でも、自分らしく自然体でいること。どんなときも、どんな場所でも、常に上機嫌でいること。自分を飾らず、ありのままの姿で生きること。

どんな場所でも、いつも自分らしく快活に生活する、というような意味です。何年か前に、渡辺和子さんの『置かれた場所で咲きなさい』という本がヒットしました。置かれた場に不平不満をもち、他人の出方で幸せになったり不幸せになったりしてはいけない。どんな環境に身を置かれても、自分が当事者となり、自分なりに花を咲かせようという内容の本です。

私も、悪い出来事が起こると、つい置かれた状況や他人のせいにしてしまいがちです。たとえば些細なことですが、仕事でイラストを頼まれて描いたら「イメージと違う」と、一から描き直しさせられたとき、「最初の相手の伝え方が悪かったせいなのに」と腹立たしい気持ちになりました。でも、そこで怒ってもどのみちやり直さなければいけなかったので、イライラした気持ちで描くより、できたら機嫌よく描きたかったのですが、すんなりとはいきませんでした。

一度しかない人生です。できるならどんなときも、何処にいても、自分らしく、笑って、日々を幸せな気持ちですごしたいものです。

一度きりの人生、自分らしく、笑って幸せに過ごす

柔軟心《じゅうなんしん》

「にゅうなんしん」とも読む。鎌倉前期に道元が著した仏教書『宝慶記《ほうきょうき》』に「仏仏祖祖、身心脱落を弁肯《べんこう》す。すなわち柔軟心」とある。

私は日ごろから、自分の意見と違っても相手の意見を聞くようにしています。そんなふうに相手の話を聞いてみると、なるほど、そういう考え方もあるんだなと思うことがたくさんあり、それをきっかけにものごとを俯瞰《ふかん》して考えられるようになりました。

「柔軟心」とは文字通り、柔らかい心。つまり素直な心のことです。固くて強い心はポキッと折れますが、柳のようにしなやかな柔軟な心は折れません。真面目な人ほど、「こうしなくてはいけない」と頑固で、それ以外の意見を受け入れようとはしません。

自分の常識は、相手にとって非常識なこともあるのです。いくら自分が常識だと思っていることでも、相手が違うことを常識だと思っている場合は、自分の常識をいくら説明して押しつけても変えることはできません。

考え方は人それぞれで、正義はひとつではないのです。硬いガラスは落とすと割れてしまいますが、柔らかなこんにゃくは割れません。相手の言うことを、「そういう考え方もあるんだ」と柔らかく受け入れることが大切なのだと思います。

いつも柔らかく素直な心で

第三章

一歩一歩

一歩も歩かなければ
前には進まないけれど

一歩進めば
前には進む

どんなにつらい
大変な山も
一歩ずつでも
歩けば越えられる

無理して
走らなくても

途中でも
立ち止まっても

一歩一歩、歩いていたら

いつかは
かならずゴールに
たどり着く

看脚下《きゃっかをみよ》

「照顧脚下《しょうこきゃっか》」と同義。禅寺の玄関によく掲げられている。「禅の極意は特別で遠くに求めるべきものではなく、日常の一挙手一投足にこそある」の意。『五家正宗賛《ごけしょうしゅうさん》』。

昔、株ですごく儲けた人の話を聞き、欲が出て株を始めたことがありました。でも、素人がいきなり株をやっても、儲けられるはずもなく、失敗しました。今度はＦＸが儲かると聞き、手を出して、やはり失敗しました。勉強もせずに、楽して簡単に儲けようという考えが甘かったのです。それからはこれを教訓に、急激に儲けようとは思わずに、足下を見て地道に働いて稼いでいこうと改めて思いました。

看脚下とは、自分の足下を見よ、という意味です。

中国は宋の時代、法演《ほうえん》という禅僧が、ある晩、三人の弟子と共に寺に帰る途中、提灯の火が突然消えてしまいました。そのとき、法演が、三人の弟子に各自の考えを述べさせたところ、弟子の一人、克勤《こくごん》が言った言葉が「看脚下」です。

暗い夜道で突然明かりが消えたならば、他の余計なことは考えずに、足下をよく見て気をつけて行けばいいということ。思いも寄らない災難に遭ったとき、どうしたらいいかわからなくなることがあります。そういうときは、今の自分のありようを正しく見つめなおして、焦らずに一歩一歩をたしかめて進めばいいということなのです。

欲を出さず一歩一歩、焦らずに進む

人人悉道器
にんにんことごとくどうきなり

鎌倉時代の曹洞宗の太祖、瑩山紹瑾《けいざんじょうきん》禅師の言葉。「人はみな誰でも悟りを開くだけの器をもっている」という意味。「道器」とは仏道を修めるに足る資質を備えた人のこと。『伝光録《でんこうろく》　第十章』。

私は、今までたくさん仏像の本を出版してきました。仏像の研究者でもないし、お坊さんでもないので、仏像の本が出せるとは夢にも思っていなかったのですが、「仏像の本が出したい！」と言いつづけていたら、本当に本を出すことができたのです。

初めは、仏像の本が一冊でも出せれば嬉しいと思っていたのですが、今では仏像の本だけで約三十冊も出せました。仏像以外の本と合わせると、約七十冊もの本を出版できています。好きで、情熱をもってずっとつづけていたら、やがて夢は現実になるんだなと実感しました。

「人人悉道器」とは、この世のすべての人々は、誰もが道を究める可能性をもっているという意味です。それぞれの人々が、道を究める努力をすることによって、もともと備わっている可能性が開くという意味です。だから、他人と比べる必要もないし卑下する必要もありません。曹洞宗の高僧である瑩山禅師《けいざんぜんじ》の『伝光録』に載っている言葉です。

どんな世界でも、その道を究めるというのはたやすいことではありませんが、自分自身がこうなりたいという思いで自信をもち、諦めないで努力しつづければ、いずれかならず目の前に道は開けるのです。

諦めず努力しつづければ道は開ける

白珪尚可磨

はっけいなおみがくべし

中国の五経のひとつ『詩経《しきょう》』大雅《たいが》・抑篇の「白圭之玷、尚可磨也、斯言之、不可為也」（白圭の玷《か》けたるは、なお磨くべし、この言の玷《か》けたるは、為《おさ》むべからず）という詩から。

かつてナースをしていたときの話です。私はナースの資格があれば、それでいいと思っていたのですが、先輩方は常に高みを目指してさまざまな資格をとっていました。医療は日々進歩するので、勉強をしつづけなければいけなくて、ナースの資格をとったらそれで終わりではなかったのです。

「白珪」とは完全無欠の綺麗な玉のことで、「これ以上磨きようがない玉をさらに磨きなさい」という意味です。「すでに綺麗な玉だったら、磨かなくてもいいのでは？」と思ってしまいますが、それでも磨ききれていないと感じるのかもしれません。人も同じようにこれでいいと思ったところから、さらに努力しつづけなければいけないということでしょう。

とはいえ、かくいう私もダイエットして痩せることに成功したのに、油断した途端すぐリバウンドしてしまった苦い経験があるので、誘惑に負けそうなときはこの言葉を思い出し、日々自分を磨きつづけねばと思っています。

日々自分を磨きつづける

清風動脩竹《せいふうしゅうちくをうごかす》

「相送りて門に当たれば脩竹あり、君が為に葉葉清風を起こす」(『碧眼録《へきがんろく》』)。「相送当門脩竹為君葉葉起清風」(『虚堂録《きどうろく》』南宋末の禅僧、虚堂智愚《きどうちぐ》)と同じ情景。

追い風でも向かい風でも動じず謙虚な心で

時々テレビで一発芸人といわれる人を見かけます。売れているときにチヤホヤされ、天狗になってしまった人は忘れ去られやすいような気がします。その後もテレビで活躍する人は、調子に乗ることもなく、地道に努力していたのではないでしょうか。

「脩竹」とは細長い竹のことです。その細長い竹がさわやかな風に吹かれてサヤサヤと動いているということです。風が竹を動かすことで、この現象が生まれ、風が止めばまた元の静かな状態にもどります。

よい出来事があって、ちやほやされても、ときがすぎると元の通りになる。だから、一時の出来事に執着し、振り回されないように、ということなのかもしれません。

一時でも風が吹いたことをありがたいと感謝し、栄光にとらわれず風が止んでも動じずにがんばりつづけることが大事ですね。

一粒万々倍《いちりゅうまんまんばい》

唐代の禅僧・潙山霊祐《いさんれいゆう》が施された米を粗末に扱っていた僧に言った「一粒の米たりとも無駄にしてはいけない。一粒から百千万粒が生じるのだから」。出典『景徳伝灯録《けいとくでんとうろく》』。

「一粒万倍」とは、一粒の種がやがては万倍にもなるという意味です。宝くじ売り場で見かける「一粒万倍日」は、暦に記載される日時・方位などの吉凶の日のひとつ。種まきやお金を出すことに吉であるとされ、何事を始めるにもよい日とされます。

私は趣味で俳句をやっています。初めは俳句が季語を入れて五・七・五で作るということさえわからず、一句作るだけでも四苦八苦していました。その後も諦めずに俳句を作りつづけ、最初に比べたら随分うまくなってるなぁ〜と思ったころに、句会でも特選をいただけるようになりました。

どんなことでも、興味をもち継続することで、少しずつでも形になっていくものだと実感しました。

まずは、一粒の種を吉日にまいてみてはどうでしょうか。

私がまいた種が、いつの日か万倍に育つよう、日々精進していこうと思います。

まずは一粒の種をまいて、育てる

自灯明《じとうみょう》 法灯明《ほうとうみょう》

お釈迦様最期の旅路を描いた『大般涅槃経《だいかつねはんぎょう》』の一節。お釈迦様は死期が迫ったときに「自らを拠《よ》り所《どころ》（灯明）とし、法を拠り所（灯明）としなさい」と説いた。

知り合いに仲のいいご夫婦がいました。そのご主人が事故で亡くなってしまったとき、奥さんは「主人がいなければ生きていけない」と嘆いていました。それが、近所のフラダンスサークルに入ってから、どんどん友達ができて元気になっていきました。今まではご主人としか出かけなかったのに、一人でも旅行に出かけるようになったのです。

人は、頼る人がいたら甘えてしまいますが、たとえ、独りきりだとしても力強く生きていけるのです。お釈迦様が八十歳で、今まさに亡くなろうとしているときに、弟子のアーナンダは「師匠が亡くなってしまったら、その後、私は何を頼りにすればいいんでしょうか？」とお釈迦様に尋ねました。それに対し、お釈迦様は「自灯明」「法灯明」とおっしゃったのです。

「自灯明」とは「自分自身を信じて生きていきなさい」ということです。「法灯明」とは、仏の教えを示した真実のことで「本当に正しいことを頼りにして生きていきなさい」という意味です。

たとえそれまでの拠り所をなくしてしまったとしても、自分を信じ、正しいと思うことに従って、歩んでいけばいいのです。

自分を信じて真っすぐ歩んでいく

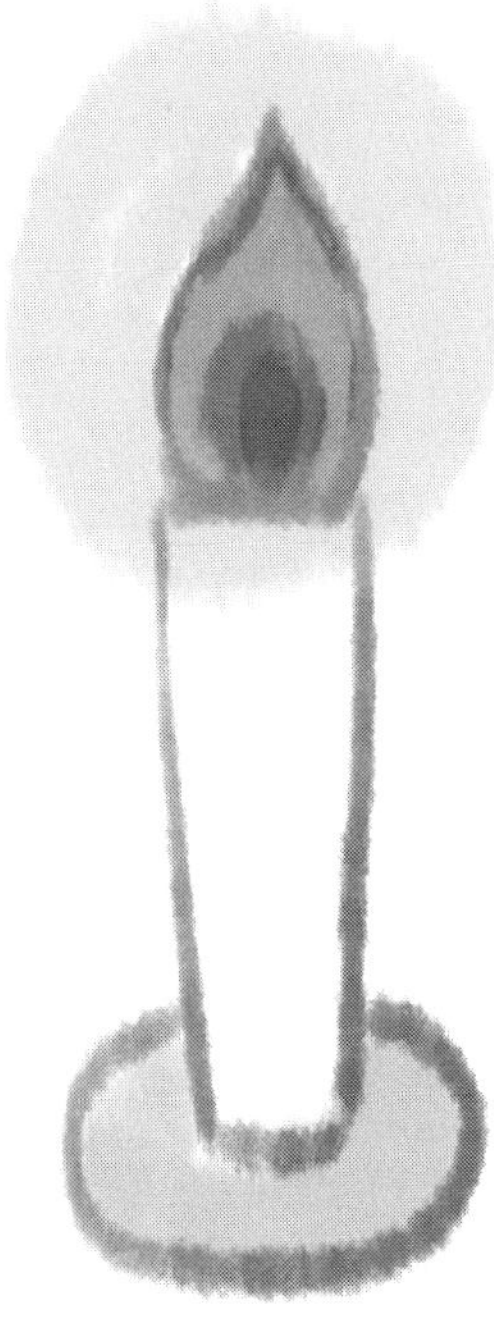

冷暖自知《れいだんじち》

「人の水を飲みて冷暖自知するが如し」（『無門関《むもんかん》』）。真の悟りは自分で感得するものであるということを、水の冷暖を自分でのんでみて、初めて知ることにたとえている。

同じ水でも、暖かいと感じるか、冷たいと感じるかは人によって違ってきます。実際に体験しないとわからないことはたくさんあるものです。

私の友達が、一週間、断食道場に行って、七キロ痩せたという話を聞いて、私も体験に行ったことがあります。頭が痛くなったり気分が悪くなったりしながら、食べ物のことばかり考えて耐え忍んだつらい一週間でした。そんなつらい思いをしたにも拘わらず、なんと私は一キロしか痩せなかったのです。同じことをしても人によって結果は違うのです。「人からの情報を鵜呑みにはできないものだな」と改めて思ったものです。

「冷暖自知」は、水が冷たいか暖かいかは飲まないとわからないように、自分で体験して初めてわかるという意味です。やはり何ごとも、自分の身で体験しないとわからないものですね。

自身の体験が何より大切

不退転《ふたいてん》

「退転」は仏語《ぶつご》。菩提心（悟りへ向かう心）を失ったため、それまでに得た悟りや修行などを失って後もどりすること。「不退転」は、仏道修行を怠らずに励み、退かないこと。

信念をもち、何ごとにも屈しないことという意味です。「退転」とは、修行をしなかったり、悪行を行ったりすることを指す仏教用語です。「不退転」はその逆の意味になります。何事も信念をもって努力しつづければ、たいがいはその目標にたどり着けるような気がします。

私は幼いころから絵の仕事につきたいと思って、ずっと絵を描きつづけてきました。でも、絵を仕事にするためには、誰かにその絵を認めてもらい仕事をもらわなくてはいけません。絵の仕事を得るために、何百社も売り込みに行ったり、人脈を広めたりして努力しつづけました。ただ絵を描いてるだけでは、仕事は来ないのです。

私より絵がうまい友達は、イラストコンクールで賞を取っても、売り込みに行かなかったせいか、仕事も来ませんでした。私は賞に応募してもまったく入選しませんでしたが、絵で食べていくために、必死で絵を描きつづけ、いろいろな人にアピールしました。おかげで、あちこちから仕事が来るようになり、今でも絵の仕事をつづけられています。まさに不退転の決意をもちつづけることが大事だと身をもって実感しました。

自分を信じて努力をつづければ結果はついてくる

時時勤払拭

じじにつとめてふっしきせよ

「身は是菩提樹《これぼだいじゅ》、心は明鏡《めいきょう》台の如し、時時に勤めて払拭せよ」。禅宗の五祖弘忍《ぐにん》の呼びかけで、神秀上座《じんしゅうじょうざ》が作った詩の一節。『六祖壇経《ろくそだんきょう》』。

心を掃き清めるイメージをもつ

「常に勤めて払ったり拭《ぬぐ》ったりしなさい」という意味です。

「塵も積もれば山となる」のことわざ通り、小さなものや、わずかなものをおろそかにすると、結局は大変な思いをすることになります。毎日溜まるものは、毎日払う。日々の積み重ねが大事ということです。

以前、神社に神職体験に行ったことがあります。まず最初にすることは、お掃除でした。境内を綺麗に掃き清めます。神社やお寺は、いつ行っても汚れが溜まっておらず、清潔で清らかな空気が流れています。それは、日々、神社やお寺の方が、綺麗にお掃除しているからなんだな〜と改めて思いました。そのときは、掃除を三時間したので、かなり疲れましたが、境内が綺麗になって心がとてもスッキリしました。

自分の家でも、散らかったらすぐに片づけて、いつも綺麗な空間ですごしたいものです。

坐禅体験できるおすすめのお寺

新たに何かを始めるとき、気持ちをリセットしたいときに、
坐禅を体験してみませんか。
姿勢を正して座り、静かに集中して行う坐禅は
日頃の喧騒から離れて自分自身と向き合う機会でもあります。
坐禅の組み方と初心者でも体験できるお寺を
紹介しているので、ぜひ体験して
心と体を調《ととの》えてください。

坐禅の組み方

体を締めつけないゆったりした服装で「姿勢」と「呼吸」を意識して行います。

※坐禅（座禅）の組み方、やり方は宗派等によりさまざまです。今回ご紹介している方法はあくまで一例です。

❖ 基本の坐り方 ❖

左足を右太ももの上に
（できない場合はあぐらでも OK）

右足を左太ももの上に

まずは坐布に坐り
あぐらをかく

❖ 手の組み方 ❖

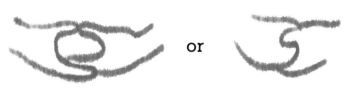

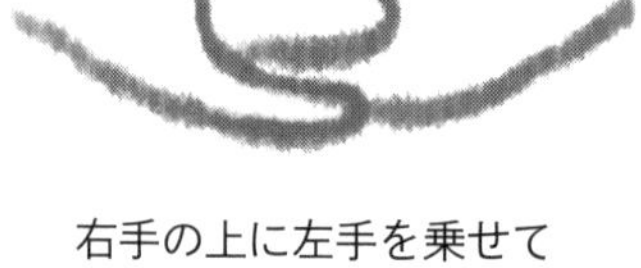

右手の上に左手を乗せて
親指をつけ楕円を作る「法界定印」

or

左手の親指を
右手で包む

❖ 姿勢 ❖

眼は見開かず自然に細め、
視線は前方１メートル先に
落とす

あごを引き、手をへその
下の丹田あたりに置く

背筋を伸ばし、
口は閉じて舌を軽く
上顎につける

❖ 呼吸 ❖

リラックスできたら、
体を左右へゆらゆら
軽く揺らして
バランスを調える

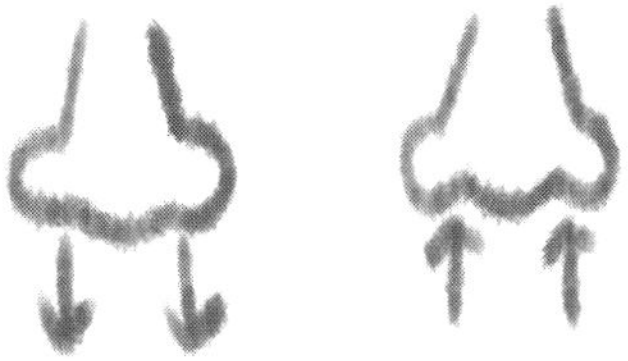

呼吸を調えるため、息を鼻から吸い
鼻から出す深呼吸を数回行う

自分と向き合う時間を
１日数分でも取ることで
心の安定にも繋がります。

考えることを追いかけず
息を調えて坐る

曹洞宗の
坐禅の組み方

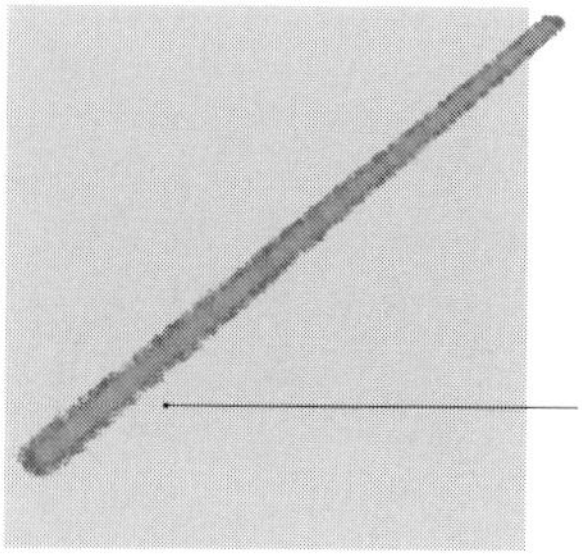

警策（きょうさく）
肩ないし背中を打つための棒
眠くなった場合や、坐禅に集中できない時に肩を叩いてもらう

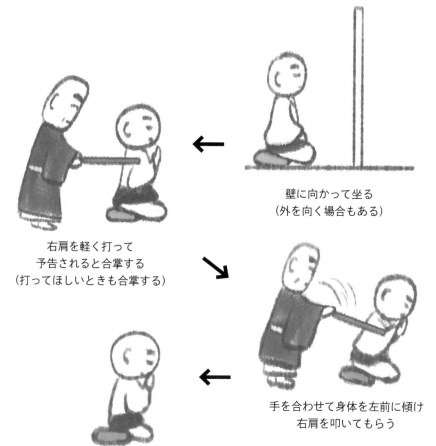

壁に向かって坐る
（外を向く場合もある）

右肩を軽く打って
予告されると合掌する
（打ってほしいときも合掌する）

手を合わせて身体を左前に傾け
右肩を叩いてもらう

警策を受けた後は合掌し
一礼をして元の姿勢にもどす

臨済宗の坐禅の組み方

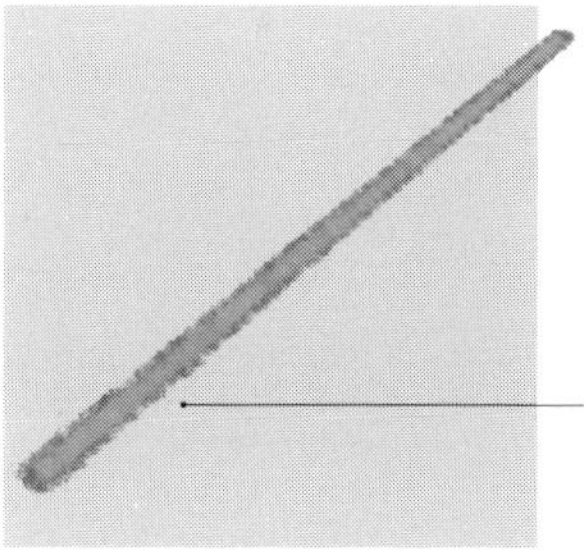
警策（けいさく）

警策は文殊菩薩の手の代わりであると考えられ
「文殊菩薩による励まし」の意味がある

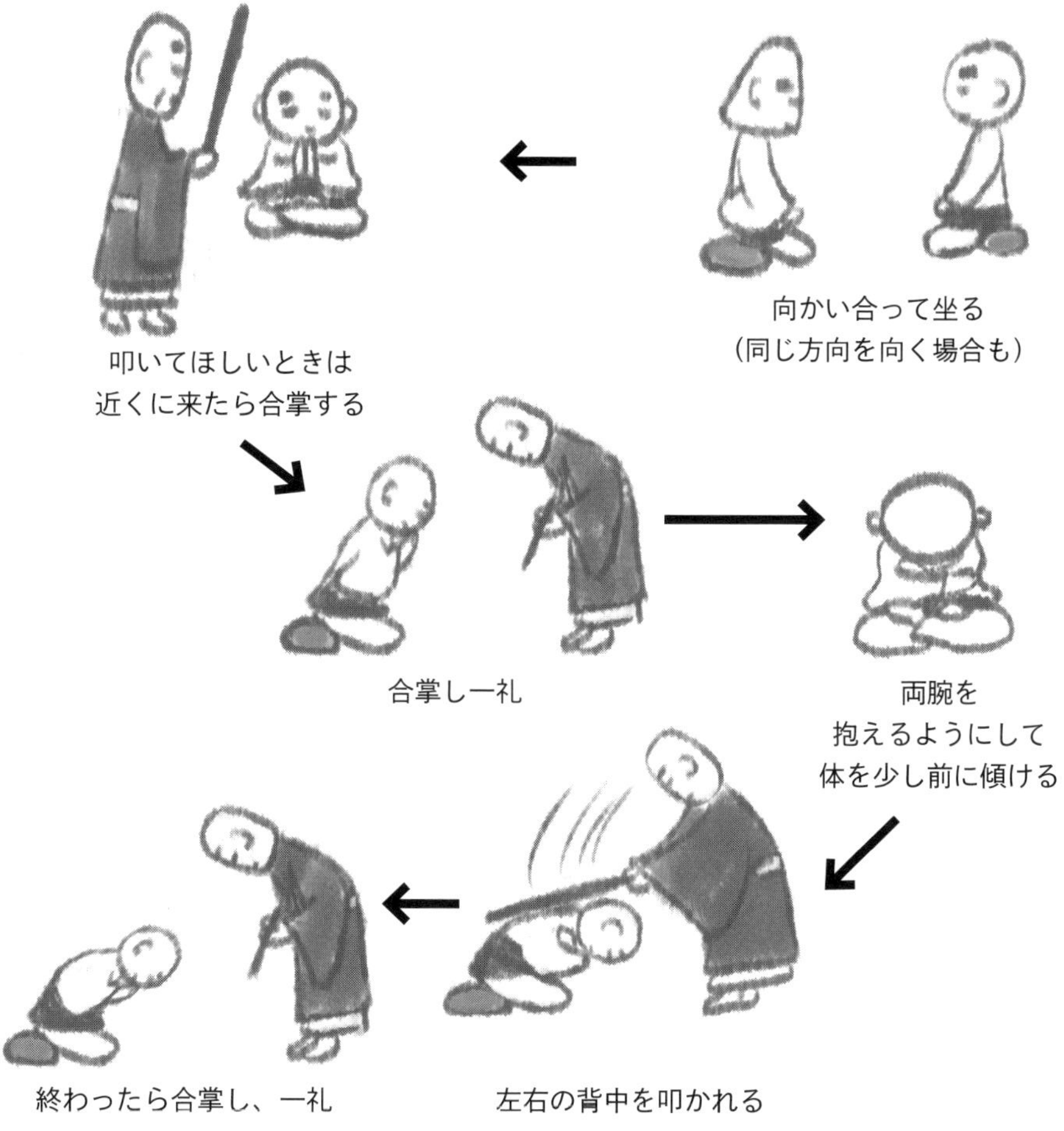
向かい合って坐る
（同じ方向を向く場合も）
叩いてほしいときは
近くに来たら合掌する
合掌し一礼
両腕を
抱えるようにして
体を少し前に傾ける
左右の背中を叩かれる
終わったら合掌し、一礼

おすすめの

坐禅体験

心穏やかに自分自身を見つめ直す場所、坐禅を体験してみませんか。

曹洞宗

永平寺《えいへいじ》

〒910-1228 福井県吉田郡永平寺町志比 5-15
8:30 ～ 16:30
0776-63-3102
FAX 0776-63-3115
（「布教参禅係」と明記の上送信ください）

永平寺は、今から約780年前の寛元2（1244）年、道元禅師によって開かれた禅の修行道場です。歴史ある古刹で静かな時をすごしてみませんか。

●**日帰り参禅体験（坐禅）**
事前予約は不要。5分前までに申し込みを済ませてください。
所要時間／約50分

●**1泊2日参禅体験**
事前予約が必要。
申し込みは2週間前までにお願いします。詳しくは永平寺ホームページをご確認ください。

※都合により坐禅を行えない場合があります。

曹洞宗

總持寺《そうじじ》

〒230-8686 神奈川県横浜市鶴見区鶴見 2-1-1
10:00 ～ 16:00
045-581-6021
FAX 045-571-8221

總持寺は曹洞宗の大本山で、広大な敷地を有する修行道場。明治時代の焼失を機に石川県から横浜市に移転しました。開かれた禅苑として国際的な禅の根元道場となっています。

●**月例参禅**
事前予約は不要。　開催時間／13時30分～15時30分　参加費／500円

●**団体日帰り参禅（3時間コース）**
事前予約が必要。　開催時間／①9時30分～12時30分／②13時～16時
参加費／2000円

●**団体日帰り参禅（6時間コース）**
事前予約が必要。　開催時間／10時～16時　参加費／5500円

曹洞宗

四天王寺《してんのうじ》

〒514-0004 三重県津市栄町 1-892
9:00 ～ 16:00
059-228-6797
FAX 059-229-1115

聖徳太子により建立。この世のすべての人々を救いたいと四天王に誓願され、平和な国づくりのために建てられました。現在は大阪と三重に残る2つの四天王寺のなかのひとつ。昭和20（1945）年7月のアメリカ軍の空襲が津市中心部を襲い、山門と鐘楼門を除くすべてのお堂を失いましたが、昭和41（1966）年に、本堂再建が実現しました。

●**坐禅会**
事前予約は不要。坐禅後のお茶菓子を1品ご持参ください。　実施日／毎週日曜日　開催時間／8時～　所要時間／約90分　参加費／無料

曹洞宗

可睡斎《かすいさい》

〒437-0061 静岡県袋井市久能2915-1
8:00～16:30
0538-42-2121
FAX 0538-42-1429

応永8（1401）年に如仲天誾《じょちゅうてんぎん》禅師が開山した600年の歴史を刻む名刹です。「可睡斎」の名前の由来は和尚が徳川家康の前で居眠りした逸話によるものです。

●宿坊・宿泊体験（坐禅体験）
事前予約が必要。宿泊すると坐禅体験が可能。電話又はメールの問い合わせフォームにて受付してください。

●「月心会《げっしんえ》」参禅会
事前予約が必要。開催日の5日前、17時までに予約をお願いします。実施コース／土日の1泊2日コース、土曜日の日帰りコース

臨済宗

妙心寺《みょうしんじ》

〒616-8035 京都府京都市右京区花園妙心寺町1
9:00～16:00
075-461-5226
FAX 075-464-2069

妙心寺は全国に3400の寺院をもつ臨済宗妙心寺派の大本山。日本最古の鐘楼がある法堂《はっとう》など多くの重要文化財が保存されています。

●妙心寺禅道会
事前予約は不要。開催日／毎月7・8日の2日間　開催時間／6時～7時30分　参加費／1日500円　2日で1000円

●ちょこっと坐禅体験
事前予約は不要。開催日／希望する10日前程度に開催の有無を問い合わせ。開催時間／9時30分～15時30分　志納料500円程度（指導有りの場合1000円程度）

臨済宗

建長寺《けんちょうじ》

〒247-8525 神奈川県鎌倉市山ノ内8
8:30～16:30
0467-22-0981
FAX 0467-25-6316

建長寺は鎌倉五山の第1位、臨済宗建長寺派の本山。建長5（1253）年に鎌倉幕府第五代執権北条時頼が中国の高僧蘭渓道隆《らんけいどうりゅう》を迎えて創建しました。日本最初の禅宗専門道場です。境内は「建長寺境内」として、国の史跡に指定されています。

●定例坐禅会
事前予約は不要。開催日／毎週金曜日・土曜日　開催時間／15時30分～16時30分　参加費／無料。別途拝観料500円。初心者には方法とお経が載っている冊子100円をご用意しています。

臨済宗

円覚寺《えんがくじ》

〒247-0062 神奈川県鎌倉市山ノ内 409
8:30～16:30（12月～2月16:00まで）
TEL 0467-22-0478
FAX 0467-23-3027

鎌倉第五山第2位の臨済宗円覚寺派の大本山。弘安5（1282）年北条時宗が招いた高僧無学祖元が開山しました。国家の鎮護、禅を広めたいという願い、二度の元寇で亡くなった両軍の兵士を弔うために建立。

●暁天坐禅会
事前予約は不要。毎日開催しています。　開催時間／6時～　参加費／志納

●選仏土曜坐禅会・選仏日曜坐禅会
事前予約は不要。　開催日／毎週土曜日、第1、3日曜日　開催時間／14時30分～16時　参加費／1000円（拝観料別途）

臨済宗

全生庵《ぜんしょうあん》

〒110-0001 東京都台東区谷中 5-4-7
9:00～17:00
TEL 03-3821-4715
FAX 03-3821-3715

全生庵は明治16（1883）年に山《やま》岡鉄舟《おかてっしゅう》居士《こじ》が徳川幕末・明治維新の際に国事に殉じた人々の菩提を弔うために建立しました。明治13（1880）年に居士が谷中の現在地に選定。境内の墓地に人情話の名人、落語家の三遊亭円朝の墓所があります。

●日曜坐禅会
初めての方のみ事前予約が必要。開催日／毎日曜日　開催時間／18時～19時　※初めての方は17時30分からご説明がありますのでそれまでにお越しください。　参加費／初めての方　500円／2回目以降の方　300円

臨済宗

東京禅センター

〒154-0003 東京都世田谷区野沢 3-37-2 龍雲寺会館
9:00～17:00
TEL 03-5779-3800
FAX 03-5779-3801

平成17（2005）年に首都圏で禅を紹介する拠点として開設しました。禅を学ぶ場として講演会や、禅体験や写経体験など初心者の方にも親しみやすい「禅」を提案しています。

●坐禅体験
事前予約が必要。定員30名　開催日／毎週火曜日　開催時間／13時30分～15時　参加費／500円

●東京禅センターオンライン坐禅会
事前予約は不要。HPのスケジュールから参加可能。　開催日／土曜日　開催時間／15時30分～16時30分　参加費／無料

第四章

ありのままに

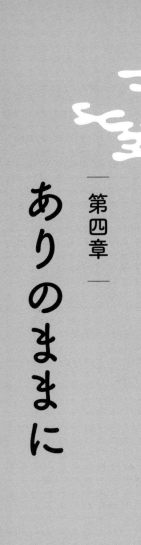

目が小さくて
垢抜けない顔

ガサツですぐものを壊す

同じことを
何度言われても
忘れる

でも、
健康な体をもち

「絵がうまい」
と言われ

「笑顔がいいね」
と言われ

ありのままでも
いいと思う

明珠在掌

みょうじゅたなごころにあり

中国，宋代禅文学の代表典籍『碧巌録《へきがんろく》』第九十七則から。明珠とはいわゆる宝石。禅の世界では「仏性」や「仏心」を表す。掌とは手のひらのことで、「透明で曇りのない宝石は、あなたの手のなかにありますよ」という意味。

「明珠」とは、光り輝く玉や宝石のことです。「明珠は手のひらのなかにすでに、もっているのに、気がついていない」という意味です。

隣の芝生が青く見えるように、周りの人が自分よりすばらしく見えて羨ましいことがよくあります。でも、私はある出来事で「普通に暮らせていることがすでに幸せだったんだ」と思いました。

数年前、私は乳がんになって闘病したのですが、手術後に退院して桜を見たとき、「本当に死なずに生きられてよかった、幸せだな」と思えました。桜を見て、あんなに幸せだと思ったことはそれまでありませんでした。

ただただ、今を生きられることがこんなに幸せなんだと、心から思ったのです。

真に大切な宝物は、実はどこか遠くへ行って探すものではなく、自分の手のなかにありました。そのことに気づかずに、周りを羨んだり妬んだりしてはいけなかったのです。このことを忘れず日々の生活のなかから幸福を見出し、豊かな人生を築いていきたいと、今も思っています。

今の自分が、すでに幸せであることに気づこう

放下著《ほうげじゃく》

唐代の禅僧・趙州《じょうしゅう》の言葉。厳陽尊者《げんようそんじゃ》という僧が趙州に、「何もかも捨て去って一物ももっておりませんが、そんなときはどうしたらいいのでしょうか」と尋ねた際の答え。『五家正宗賛《ごけしょうしゅうさん》』。

下着を放つ、ではありません。「放下」は、捨てることです。「著」は、動作の持続状態を強調する言葉。「捨ててしまえ！」ということです。

「断捨離」するということが流行しました。捨ててしまえば隙間ができ、その隙間に何か新しいことやチャンスなどが入ってくるようになるというのです。

捨てるものは、ものだけではありません。欲望やプライドだったり、執着だったり、いろいろあると思います。そういうものを捨てることによって心に余裕ができ、他のさまざまなものを吸収できるようになるのだと思います。

そうはいっても、ものを捨てることも、欲望やプライドや執着を捨て去ることも、簡単にはできませんよね。それが全部できたら、悟りを開いていることになるでしょう。お釈迦様のように王子の地位も妻子も捨てて出家することはできません。ですから、まずは身の回りでできることからやっていけばいいと思います。

同じものが二つあったらひとつは捨ててみるとか、机周りだけ綺麗にするとか些細なことでもやってみると、なんだか気持ちがスッキリします。欲望が抑えきれないとき、私はゆっくり深呼吸して、しばらく間を置くと落ち着く場合もあります。

必要以上に何かに執着していませんか？

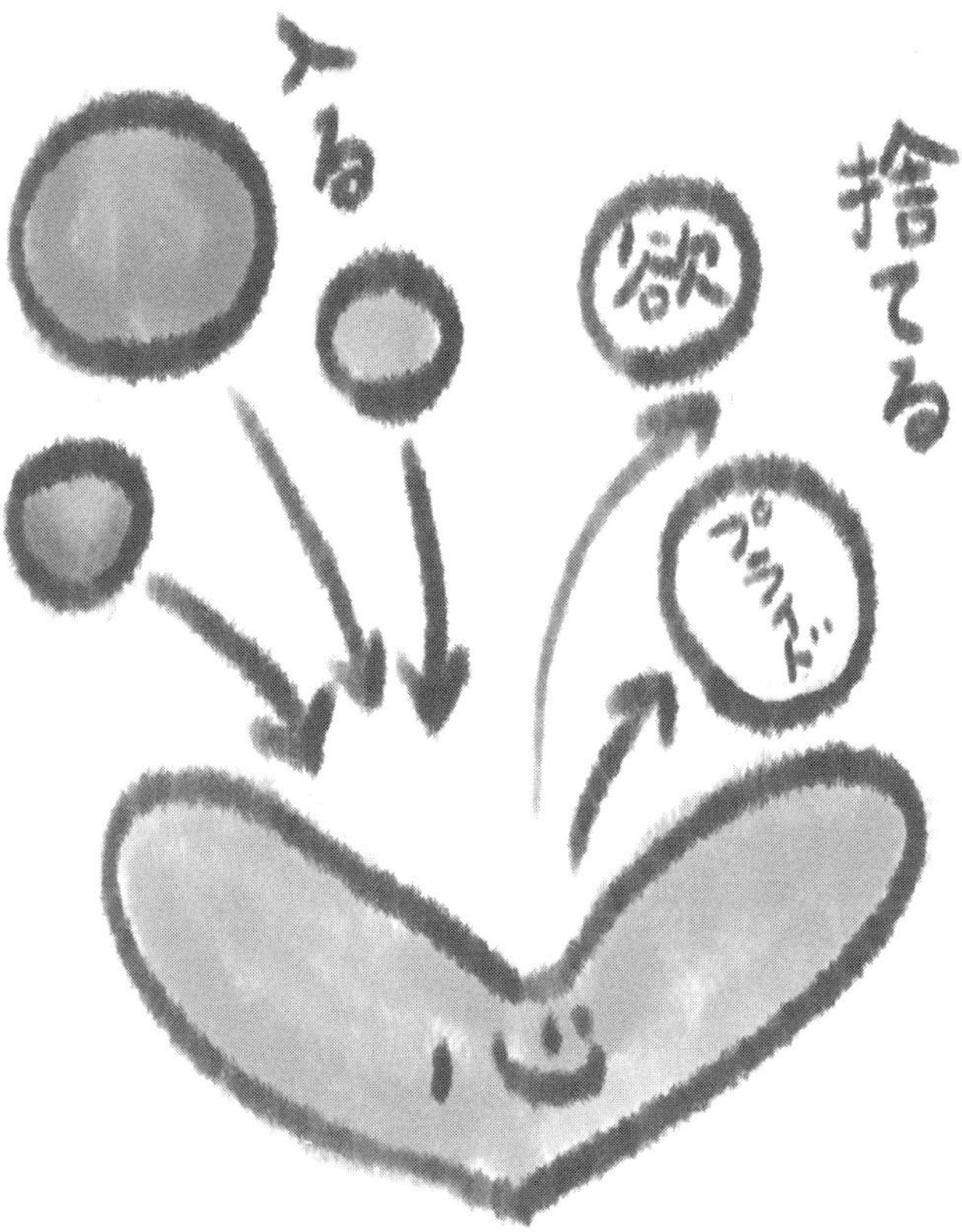

結果自然成《けっかじねんとなる》

禅宗の初祖達磨《だるま》大師が二祖の慧可《えか》大師に与えた伝法の偈《げ》（仏教の真理を表す詩）の一節。「我この国に来たりて、法を伝え迷情を救う、一華五葉を開き、結果自然成る」。『少室六門集《しょうしつろくもんしゅう》』。

すべてのものごとは、できる限りのことをやったら、後は結果を待てばよいということです。たとえば、テストが終わった後に、ああ答えればよかったといくら悩んでも結果は変わりません。やり終わった後に悩むのではなく、全力を尽くせば、結果は自然についてくるものです。

庭で花のタネを植えたとき、毎日水をやっていたら、ちゃんと芽が出て花が咲きました。こつこつと、努力しつづければ、だいたいよい結果になるものです。まあ、たまに水のやりすぎで枯れてしまうこともありますが。

一生懸命何かをやりつづけたら、のちに「あのときもっとがんばっておけばよかった」という悔いも残りません。何より、精一杯の努力をしたのだからという、達成感も得られます。だから、私は常になんでも全力で行いたいと思っています。

精一杯やったら、結果はついてくる

あ～試験で
ああ答えれば
よかった
悩んでも悩まなくても
結果は同じ
不合格
試験前に勉強
しておけばよかった
次は勉強して
結果出すぞ

柳緑花紅

やなぎはみどりはなはくれない

11世紀末北宋の詩人・蘇軾《そしょく》の『東坡禅喜《とうばぜんき》集』からの引用。「柳緑花紅《りゅうりょくかこう》　真面目《しんめんもく》」。意味は「柳は緑、花は紅、これが本来のありのままの姿。それが真実」。

文字通りに「柳は緑色、花は紅色」と読みます。「そのもののありのままの姿でいること」という意味の、実にシンプルな言葉です。しかし、単純ゆえにそれを体現して生きるのは想像以上に難しいものです。

人は困難を前にすると、焦っていつもと違う行動をとってしまったり、自分らしくない無理な言動をしてしまうことがしばしばあります。そんなときは、ありのままとは違う姿になろうと無理をしているのではないでしょうか。

柳はありのまま緑色に、花はありのまま紅色でいるからこそ、不安にかき乱されず安らいで生きることができます。悩んだときは、一度立ち止まって「ありのままの姿でいるか」と自身に問いかけてみてください。

立ち止まって自分に問いかけてみる

本来無一物

ほんらいむいちもつ

唐代の禅僧六祖慧能《えのう》の言葉。『六祖壇経《ろくそだんきょう》』には、「菩提《ぼだい》にもと樹《じゅ》なく、明鏡《めいきょう》もまた台に非《あら》ず。本来無一物、何れの処にか塵埃《じんあい》をひかん」とあり、五祖の弘忍《ぐにん》が後継者たる六祖を決定する機縁となった詩。

この言葉は読んで字のごとく「本来は一物も何もない。一切空であり無である」ことを意味します。有名なお経の『般若心経《はんにゃしんぎょう》』にも、「この世の全ては実態がない〝空《くう》〟である。『私の身体』、『私の感覚』、『私の知覚』、『私の意思』、『私の認識』という五つの自己執着はすべて実態がない」というようなことが書かれています。

だからものごとに執着したり、ひとつの価値観にとらわれてしまう必要はないということです。こんなふうにすべてのものに執着せずに生きられたら、ものも増えないし、人間関係もこじれないし、世の中の争いごとも起こらないのではないでしょうか。

似た禅語で「無一物中無尽蔵《むいちもつちゅうむじんぞう》」というのもあります。「人間は生まれながらにして何ももっていない。しかし、誰もが無尽蔵の可能性を秘めている」ということです。誰もが、もともと何ももたずに生まれてきたのです。多くのものをもつと荷が重くなり、動きがとれなくなります。多くのものをもつということは、自分自身を縛るものも多くなるということでもあるのです。

お金持ちでたくさんのものをもっている人を羨《うらや》むのではなく、何もないことが本来の姿だと思い、心を豊かに自由で軽やかな生き方を楽しみたいですね。

ものに縛られない自由な心を楽しむ

平常心是道

びょうじょうしんこれどう

中国唐代の禅僧馬祖道一《ぼそどういつ》による禅思想の根本命題。唐代の禅僧趙州《じょうしゅう》が、師の南泉《なんせん》に「道とはどのようなものですか」と問い、南泉は、「平常心是道」と答えた。『馬祖語録』。『無門関』。

禅では、平常心を「へいじょうしん」ではなく「びょうじょうしん」と読みます。何ものにもとらわれず、日常のありのままの心が悟りだという意味です。

新人ナースのころ、まだ採血に慣れていなかったので、平静でいようと思えば思うほど緊張で手が震えてうまくできなかったことがありました。そんなとき、年配の患者さんが「失敗してもいいよ」と声をかけてくださり、「失敗してはいけない」という緊張から解き放たれ、採血に成功したことがありました。

また、まだ講演することに慣れていなかったときも、「普段通りにしよう」などと思えば思うほど緊張しました。でも、何度も講演するようになり、「緊張するのが当たり前！」と気持ちを解放すると、ふっと肩の力が抜けました。

平静でいようと思わないで、どきどきする気持ちや悲しみ、驚きなど喜怒哀楽すべてそのままの気持ちでいいと思うと、気が楽になります。

ありのままの気持ちを出せば楽になる

松無古今色

まつにここんのいろなし

「松に古今の色無し 竹に上下の節《ふし》あり」。平等相があるから差別相が現れ、差別相があるから平等相が明らかになるという世界の在り方。『五灯会元《ごとうえげん》』。

松は四季を通じてずっと緑の葉を繁らせていて、葉の色がときを経ても変わることがないという意味です。これと同じような意味の「松樹千年翠《しょうじゅせんねんのみどり》」という言葉もあります。「松無古今色」は本来「竹有上下節」という言葉が続きます。松は昔も今も変わることなくずっと緑で　竹には節により上下の違いがある。一般的には「松無古今色」が平等、「竹有上下節」が差別の意味とされているようです。その解釈はあまりしっくり来ませんが、「松無古今色」の時代を経ても不変であるというのは、心に感じ入るものがあります。

今の時代、どんどん新しいものが出てきます。電話がスマートフォンになり、メタバースという仮想空間が出てきたりと、ついていくのが大変です。でも変わらないものもたくさんあります。家族や人と人との関係や恋愛などがそうです。平安時代の『源氏物語』のなかでも今と同じように恋愛したり、好き嫌いがあったりと、情緒的価値は同じです。

今、人工知能のＡＩが騒がれていますが、たとえ時代が移り変わったとしても、そういう変わらないものを大切にしていきたいものです。

変わらないものこそ
大切にしたい

不思善不思悪

ふしぜんふしあく

兄弟子明上座《みょうじょうざ》の問いに六祖慧能《えのう》が答えた。「善を思わず、悪を思わず。まさにそうしたとき、明上座の本来の面目はどこにある?」『無門関』。

「不思善不思悪」とは、良いとも悪いとも思わない、という意味です。自分の思い込みや都合で、ものごとの善悪の判断をするな、客観視しなさいということです。この世には絶対的な善も、絶対的な悪もありません。たとえば、喧嘩も戦争も、どちらにも言い分があります。どちらが完全に百パーセント悪とは言い切れないのです。見る側によって、歴史も違って描かれます。

私がナースをしていたとき、やたらめったらに叱りつけて、どんどん新人を辞めさせる教育主任がいました。私たち新人にとっては、その人は悪としか感じられませんでした。でも、その後、ナースをつづけていた友人が、教える側の主任になり、「叱りたくて叱ってるんじゃない。叱るのも疲れるし。何度教えても仕事ができないから、叱らざるをえないのよ」と嘆くのを聞きました。叱る側から見ると、仕事ができない新人ばかりで、教育主任はつらい思いをしていたのかもしれません。

同じ出来事も、片方の視点だけで善悪を決めつけず、俯瞰《ふかん》してものごとを見られるようにしたいものです。

思い込みや都合で善悪を決めつけない

回光返照

えこうへんしょう

禅宗で、自己の智慧の光をめぐらし、自らを省みること。反照。「自ら回光返照して更に求めず。身心《しんじん》と祖仏と別ならざるを知って当下《とうげ》に無事なる方《まさ》に得法と名づく」。臨済《りんざい》義玄《ぎげん》『臨済録』。

外ではなく、自分の内面を照らし、自分自身を省《かえり》みよという意味です。私も今まで、いろいろな壁にぶち当たりました。そのたび友達に相談したり、占いに行ってみたりと他の人からの助言を求めてきました。誰かに相談するだけで、気持ちは楽になります。でも、相談しても相手にとっては自分のことではないので、ピント外れのアドバイスをもらったことも何度かあります。やはり自分のことを一番知っているのは自分なのです。しかし逆に自分のことは近すぎてよく見えなくなることもあります。自分は本当はどうしたいのか？　時々立ち止まって内面を見つめ直すことも大事だと思っています。

全部はできなくても、これだけは譲れないことがあるなど、人によってこだわりもあると思います。まずはどうしたいのか、どうすればいいのか紙に書き出してみると客観視できる気がします。

仕事に追われてばかりいるのではなく、ときには立ち止まって、現在の自分を省みることも大事ですね。

「本当はどうしたいのか？」自身の内面を省みる

八風吹不動天辺月

はっぷうふけどもどうぜずてんぺんのつき

中国唐代の隠者、詩僧・寒山《かんざん》の詩から「八風吹けども動ぜず天辺の月」。身の周りには、悲風や大風が吹き荒れる。自然界・人間界からも、不幸をもたらす風が来る。しかし、天の月は変わらず存在している。

八風は、「利《り》・誉《よ》・称《しょう》・楽《らく》・衰《すい》・毀《き》・譏《き》・苦《く》」の八種の風。利は、自己の利欲にとらわれること。誉は、人々から陰でほめられたいこと。称は、人々から面前でたたえられたいということ。楽は、享楽にふけりたいということ。衰は、衰えること。毀は、他の人に陰でけなされること。譏は、他の人から面前でそしられること。苦は、人生の苦難にさらされること。

人生には、そういったいろいろな風が吹いています。私たちは、まさに八風にさらされて日々心が動揺しています。周りを気にしすぎているのかもしれません。

天にある月は、どんなに風が吹こうとも動きません。月のように微動だにしない心をもって、人からどう思われようと、どんな出来事があろうとも冷静に受け止めるようにしたいものです。

必要以上に恐れず、流れに身をまかせてみる

―第五章―

今を生きる

いくら過去を悔やんでも

過去にもどることは
できない

起こってもいない
不安な未来を
想像して心配するより

今できることをコツコツ

やれることをやろう

今はあっという間に
過去になる

今が大事

大道通長安

だいどうちょうあんにつうず

唐代の禅僧・趙州《じょうしゅう》が修行僧から「求める道（大道）はどこにあるか」と問われ、「細い道を歩くと大きい道に出る。長安に通じるほどの大きな道だ。それが大道だ」と答えたことに由来。『趙州録』。

私は高校生のとき、将来イラストレーターになるため美術の大学に行きたいと思っていました。でも両親に「絵では食べていけない。手に職をつけるべきだ」と反対され、「手に職をつけたその後は、好きにしてもいい」という約束で、看護学校に進むことになりました。

両親との約束を守って、国家試験を受けて正看護師の免許を取得、大学病院で働いてお金を貯めて退職してから、絵の学校に通い、イラストレーターへの夢の実現に向けて、卒業後も絵を描きながら地道に営業をつづけました。その結果、少しずつ絵の仕事をいただけるようになり、晴れてイラストレーターになれたのです。

「大道通長安」は、どんな道を選んでも、必ず長安（幸せ）に通じているという意味です。誰もが幸せになりたいと思っていますが、より自分が幸せに感じられるためには、どうしたらいいのか？　選択しなくてはいけないシーンは何度もあります。

一見、遠まわりしているように見えても、道はつづいているのです。私も諦めずにつづけることで目標にたどり着けました。大切なのは、どの道を選択するのかではなく、選んだ道をどう生きるかなんだと思います。

どの道を選んだとしても幸せに通じている

人生のわかれ道に
立たされたとき
どの道が幸せにつづいて
いるのかと誰もが迷う
どの道を選んでも幸せに
通じている
幸せ
大事なのはどの道を
選ぶのかではなく
選んだ道をどう生きるか
ん
何を選んでも、その後に
精一杯努力しつづける
ことが重要なのだ

日々是好日

にちにちこれこうにち

唐末の禅僧・雲門文偃《うんもんぶんえん》の言葉とされ、『碧巌録《へきがんろく》』第六則に収められている公案として知られる。雲門日日是好日、雲門日々是好日、雲門好日、雲門十五日という表記もある。

どんな日でも、すばらしい一日という意味です。

嫌なことを言われたり、仕事で怒られたり、つらい日がつづくことがあります。本の仕事の締め切りが迫っていて、描いても描いても終わらなくて、お風呂に入る時間もなくてということもあります。でも、がんばってつづけていたら、いつかは終わります。止まない雨がないように、つらいこともやがて終わります。つらい日々もすぎてしまえば、二度とこない一日であり、かけがえのない一日なんだなと気づくのです。

何ごとも、すぎてしまえばすべてが好日になるのです。生きたくても生きられなかった人たちのことを思うと、つらいことがあっても生きているだけでも、ありがたいなと思えます。

禅では、すぎてしまったことにいつまでも拘《こだわ》ったり、まだ来ぬ明日に期待したりせず、今を大切にします。どんなに悲しいことがあっても、つらいことがあっても、ただ「今」この一瞬を精一杯に生きれば、それはすばらしい一日となるはずだということですね。

つらいことも
すぎてしまえばすべて好日

勢不可使尽

いきおいつかいつくすべからず

宋代の僧法演《ほうえん》が弟子である圜悟克勤《えんごこくげん》（仏果《ぶっか》禅師）が住職になる際に与えた「法演の四戒」第一戒の言葉。「勢い使い尽くさば、禍《わざわい》必ず至る」。

大手出版社のある編集者は、三十年くらい前にベストセラー本を出しました。その編集者は、たくさんの講演会に呼ばれ、この本が売れたのは自分のおかげだと語っていました。本が売れて話題になり、周りもちやほやしていたので、彼はますます自信過剰になり、原稿の売り込みに来た人たちを、忙しいからと相手にしませんでした。

その編集者は、その後大手出版社を辞めて独立。すると、今までちやほやしていた人たちが、見向きもしなくなりました。なぜなら、その編集者の実力でいい仕事が来ていたわけでなく、大手出版社の肩書きだからいい仕事に恵まれ、ヒットを飛ばすことができたことに気づかずに、自分の力を過信していたのです。

「勢不可使尽」という言葉は、中国の宋の時代の僧侶、法演禅師が、弟子である仏果禅師が住職になるにあたり示した四つの戒「法演の四戒」のひとつです。勢いにまかせて調子に乗って、周囲の助言も聞かずに突っ走ってしまうと、必ず破局が待っているということです。

絶好調のときこそ冷静にわが身を振り返り、周りの言葉に耳を傾け、みずからの行動をじっくりと反省することが大事なのだと思います。

好調のときこそ、気を引き締める

而今《にこん》

私には、がんになったときに友達になった「がん友」が何人かいるのですが、そのうちの一人ががんの再発で亡くなりました。彼女は、抗がん剤治療のつらさに耐えながら、よくお寺にお参りに行っていました。あるお寺のご開帳日にお参りをしていたら、ふいに彼女から声をかけられました。一瞬誰だかわからないほど痩せ、顔色が悪くつらそうに見えたので、内心「そんな体で無理してお参りに来ないほうがいいのでは？」と思いましたが、彼女は「今日お参りに来られて幸せ」と言ったのです。そのしばらく後に、彼女は亡くなりました。まさにあの瞬間が、彼女と会えた最後のときでした。

「而今」とは、「今一瞬」のことです。鎌倉時代の禅僧、道元禅師が二十四歳のころに宋に渡り天童寺に滞在されていたときのこと。炎天下のなか、老僧が瓦敷きの上に椎茸を干している前を道元禅師が通りかかり「誰か若い修行僧にやらせてはどうか」と声をかけました。すると老僧は「他人のしたことは、私のしたことにはならない」と。さらに道元禅師が、「でも、こんなに暑さの厳しいときになさらなくてもよいのではないか」と聞くと「今このときを逃して、またのときを待つというのか」と返答されました。今この瞬間を大切に生きなければならないということを教えてくれるエピソードです。

「じこん」とも読む。道元の言葉。「いはくの今時《こんじ》は人人《にんにん》の而今なり。我をして過去未来現在を意識せしめるのは、いく千万なりとも今時なり」。今という瞬間に成すべきことをなすの意。

〝今〟しかできないことを〝今〟行動する

喫粥了《きっしゅくりょう》

「喫茶」は、お茶をのむことで、「喫粥」はお粥を食べることです。「喫粥了」とは、「お粥を食べ終わりました」という意味です。ご飯を食べた後は片づけをします。そんな当たり前のことを当たり前のようにできるようにすることが、大切だという意味です。

昔、学生だったころ、お手軽な値段のユースホステルに泊まったときのこと。その宿では、ご飯を食べた後に後片づけをして皿洗いをしなくてはいけませんでした。当時私は、家では家事を全部母親がやってくれていて、皿洗いもほとんどしたことがなかったので、普段からやっていたらすんなりできるであろう皿洗いが苦痛でした。今では、皿洗いするのは当たり前なので、嫌ですが苦痛ではありません。

何でも人まかせにするのではなく、自分でやるようにしておけばそれは苦痛でなくなり、それがいつもの日常になります。

繰り返される日々の雑事も厭《いと》わず、自然に当たり前のようにできる人でありたいです。

新米の僧侶が趙州《じょうしゅう》に問う。「私は修行を始めたばかりなのですが、何をすべきか教えてください」。趙州「朝のお粥は食べたか？」僧侶「いただきました」。趙州「それでは器を洗いなさい」。『無門関』より。

当たり前のことを
当たり前にできること

生死事大《しょうじじだい》　光陰可惜《こういんおしむべし》
無常迅速《むじょうじんそく》　時不待人《ときひとをまたず》

元来は禅の修行者が道場に入門を乞うときに述べる挨拶語のひとつと言われる。「生死事大也、無常迅速也。教家《きょうけ》も禅家《ぜんけ》も同じく勧《すす》む」。『正法眼蔵随聞記《しょうぼうげんぞうずいもんき》』。

どう生きてどう死ぬかは大事です。人生の時間を惜しまなくてはならない。死はすぐにやってくる。ときは人を待ってはくれない。という意味です。

禅寺は「打板《だばん》」という木の板を打って時刻を告げるのですが、そこにこの禅語が書かれているそうです。

禅では、過去でも未来でもなく今を大切にします。ついこの前の出来事だと思うことが、三十年前の出来事だったりして、年々、一年がすぎるのが早くなっているように感じられます。やりたいと思ったことは、なんでもすぐに始めなくては、本当に時間はあっという間にすぎていってしまいます。

私の友人で七十二歳の男性は、五十歳でモダンバレエを習い始めたそうです。二十二年つづけて、今では立ち姿がさまになっています。なんでも始めるのに遅すぎることはなく、今すぐやることが大事なんですね。

やりたいことは、今すぐ始める

散る桜残る桜も散る桜

ちるさくら　のこるさくらも　ちるさくら

「今どんなに美しく綺麗に咲いている桜でもいつかはかならず散る。そのことを心得ておくべし」の意。「万物等しく死を迎える運命を秘めている」という趣旨。良寛《りょうかん》辞世の句とも言われる。

仏教の話の中に、幼子を亡くしたキサーゴータミーという女性の話があります。「どうして私だけこんな悲しい目にあわなければならないのか？」と悲しみに打ちひしがれ、死んだ幼子を抱きかかえながら、「この子を生き返らせる薬をください」と村中を訪ね歩きました。彼女はお釈迦様を訪ね、同じように訴えました。お釈迦様は「わかりました。その薬を作るには芥子《けし》の実が必要です。今まで死者が出たことのない家から芥子の実をもらってきてください」と言いました。そこで彼女は「芥子の実をわけてくれませんか？」と家々を訪ね歩きました。「いいですよ」と言ってくれる家はたくさんありました。ただ、死人を出したことのない家など一軒もありません。

彼女は、各家を訪ね歩くうち、「死は誰にでもやってくる。自分だけが特別不幸に見舞われたわけじゃない。誰もが同じ苦しみを背負っているんだ」ということに気がつくのです。その後、彼女は抱いていた子供の亡骸《なきがら》を弔い、出家してお釈迦様の弟子の尼僧になりました。

身近な人の死に接することは、とても悲しいですが、誰の身にも必ず訪れることです。そんなときも自分だけが不幸だと思わず、未来を見据えて進んでいきたいものです。

死は誰のうえにも平等に訪れる

諸行無常《しょぎょうむじょう》

仏教の根本思想を表す語。「涅槃《ねはん》経」の偈《げ》に「諸行無常、是生滅法《ぜしょうめっぽう》、生滅滅已《しょうめつめつい》、寂滅為楽《じゃくめついらく》」（作られたものはすべて無常。生じては滅するのが本性。生滅するものがなくなり、静まっていることが安らぎ）とある。

ついこの間の出来事だったように思える学生時代から、もう何十年も経ってしまっています。久しぶりに同窓会で会った友達が、年を取っていて驚いてしまいます。時は、知らない間にすぎているのです。

学生時代に美人だった友達が、見る影もなく痩せこけて、しわしわになって別人のようになっていて驚いたことがあります。時は本当にあっという間にすぎていき、私たちはあっという間に年をとり、変化していきます。

諸行無常は、『平家物語』の冒頭の一節の「祇園精舎《ぎおんしょうじゃ》の鐘の声、諸行無常の響きあり」で有名な言葉です。諸行無常は、一瞬一瞬の時間はすぐにすぎ去っていき、常に同じではないので一瞬を大切にしようということを表しています。宋代の仏教書『景徳伝灯録《けいとくでんとうろく》』には、お釈迦様が亡くなる際に、沙羅双樹の木の下で説いた言葉と伝えられます。また、お釈迦様は「諸行無常」を感じて出家したという記述も残されています。一瞬も無駄にはできないということです。

私自身も年を重ねるごとに、時間の経過が一層早く感じます。できることはできるときにすぐやっておかなければ、と日々自分に言い聞かせています。

今、この一瞬を大切に生きる

壺中日月長

こちゅうじつげつながし

「只池上《ちじょう》に蟠桃《はんとう》の熟すを知り、壺中日月長きを覚ぼえず」『虚堂録《きどうろく》』。「壺の中に仙境があり宝物、旨酒甘肴《ししゅかんこう》があふれるほどあり、十日ほどすごしたつもりが十数年も経っていた」という仙話から。

「壺中」とは壺の中の別世界です。「日月長し」とは、いつの間にか長い時間がすぎていたことです。夢中でやっていたら、あっという間に時間がすぎてしまったということです。

私もたまにですが、集中力が非常に高まり、周りの景色や音などが排除され、自分の感覚だけが研ぎ澄まされ、活動に没頭できる意識状態になって仕事のイラストが非常にはかどることがあります。いわゆる「ゾーンに入る」ということのようです。

私は「写仏」を気軽に家でできる『心やすらぐ仏像なぞり描き』（池田書店）という本を出版していますが、自分でもその写仏をやっていると、ただただ一心になぞることに集中して時間があっという間にすぎてしまいます。集中することで余計なことを考えずにすみ頭がスッキリします。

何か夢中になれることをもっていると、心を調《ととの》えるのにいいと思うので、今からでも探してトライしてみませんか。

何かひとつでも夢中になれることを探す

参考資料
有馬頼底監修『充実茶掛の禅語辞典』淡交社、2016 年
古賀英彦編著『禅語辞典』思文閣出版、1991 年
圜悟克勤著・末木文美士編・『碧巌録』研究会訳『碧巌録　現代語訳』上中下　岩波書店、2001 ～ 03 年
辞書・事典サイト | ジャパンナレッジ Personal (japanknowledge.com)

こころが調う　ゆる禅語
2023 年 11 月 10 日　第一刷発行

著　者　田中ひろみ（たなか　ひろみ）
発行者　徳山　豊
発　行　京都芸術大学 東北芸術工科大学 出版局 藝術学舎
〒 107-0061　東京都港区北青山 1-7-15
電話 03-5412-6102　FAX 03-5412-6110
発　売　株式会社 幻冬舎
〒 151-0051　東京都渋谷区千駄ヶ谷 4-9-7
電話 03-5411-6222　FAX 03-5411-6233
印刷・製本　株式会社シナノ

ISBN 978-4-344-95458-8